Beratungs- und Haftungsrisiken in der Unternehmenskrise

Lizenz zum Wissen.

Sichern Sie sich umfassendes Wirtschaftswissen mit Sofortzugriff auf tausende Fachbücher und Fachzeitschriften aus den Bereichen: Management, Finance & Controlling, Business IT, Marketing, Public Relations, Vertrieb und Banking.

Exklusiv für Leser von Springer-Fachbüchern: Testen Sie Springer für Professionals 30 Tage unverbindlich. Nutzen Sie dazu im Bestellverlauf Ihren persönlichen Aktionscode C0005407 auf www.springerprofessional.de/buchkunden/

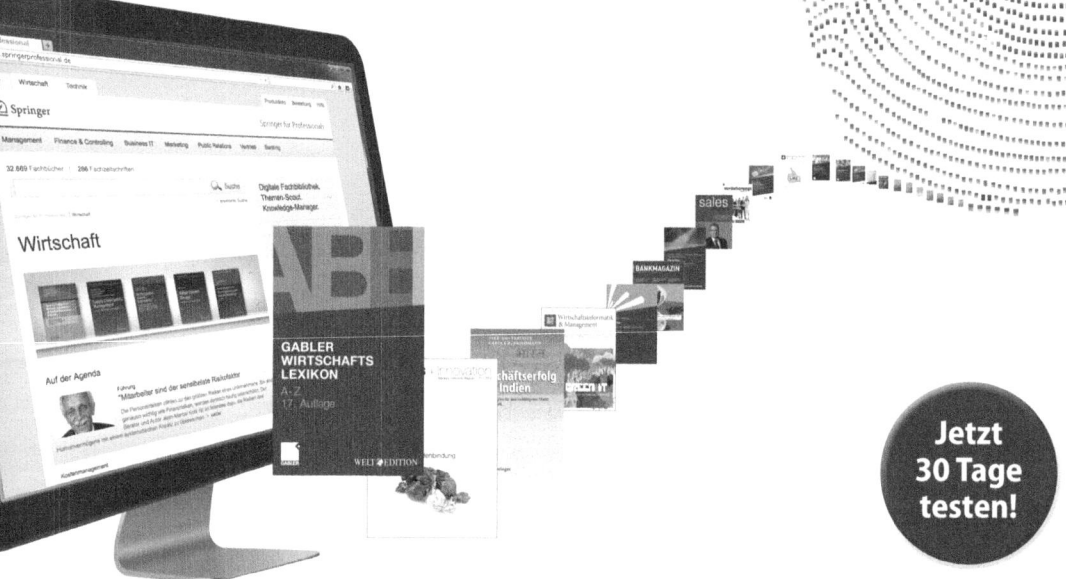

Springer für Professionals.
Digitale Fachbibliothek. Themen-Scout. Knowledge-Manager.

- Zugriff auf tausende von Fachbüchern und Fachzeitschriften
- Selektion, Komprimierung und Verknüpfung relevanter Themen durch Fachredaktionen
- Tools zur persönlichen Wissensorganisation und Vernetzung

www.entschieden-intelligenter.de

Springer für Professionals

Raik Brete · Michael Thomsen

Beratungs- und Haftungsrisiken in der Unternehmenskrise

Risikomanagement für Steuerberater und Rechtsanwälte

2., aktualisierte Auflage

Raik Brete
Michael Thomsen

Thomsen & Partner
Hannover
Deutschland

ISBN 978-3-658-09178-1 ISBN 978-3-658-09179-8 (eBook)
DOI 10.1007/978-3-658-09179-8

Die Deutsche Nationalbibliothek verzeichnet diese Publikation in der Deutschen Nationalbibliografie; detaillierte bibliografische Daten sind im Internet über http://dnb.d-nb.de abrufbar.

Springer Gabler
© Springer Fachmedien Wiesbaden 2012, 2016
Das Werk einschließlich aller seiner Teile ist urheberrechtlich geschützt. Jede Verwertung, die nicht ausdrücklich vom Urheberrechtsgesetz zugelassen ist, bedarf der vorherigen Zustimmung des Verlags. Das gilt insbesondere für Vervielfältigungen, Bearbeitungen, Übersetzungen, Mikroverfilmungen und die Einspeicherung und Verarbeitung in elektronischen Systemen.
Die Wiedergabe von Gebrauchsnamen, Handelsnamen, Warenbezeichnungen usw. in diesem Werk berechtigt auch ohne besondere Kennzeichnung nicht zu der Annahme, dass solche Namen im Sinne der Warenzeichen- und Markenschutz-Gesetzgebung als frei zu betrachten wären und daher von jedermann benutzt werden dürften.
Der Verlag, die Autoren und die Herausgeber gehen davon aus, dass die Angaben und Informationen in diesem Werk zum Zeitpunkt der Veröffentlichung vollständig und korrekt sind. Weder der Verlag noch die Autoren oder die Herausgeber übernehmen, ausdrücklich oder implizit, Gewähr für den Inhalt des Werkes, etwaige Fehler oder Äußerungen.

Gedruckt auf säurefreiem und chlorfrei gebleichtem Papier

Springer Fachmedien Wiesbaden ist Teil der Fachverlagsgruppe Springer Science+Business Media
(www.springer.com)

Vorwort zur 2. Auflage

Seit dem Erscheinen der 1. Auflage sind nun rund 3 Jahre vergangen. An Aktualität hat das Thema „Haftungsrisiken in der Unternehmenskrise des Mandanten" indes nicht verloren, im Gegenteil: Steuerliche und rechtliche Beratung ist und bleibt in hohem Maße haftungsträchtig, sowohl im Rahmen allgemeiner Beratung, als auch im sog. Krisenmandat.

Nach wie vor sieht sich die Beraterschaft einerseits mit komplexen Sachverhalten und ständig neuen bzw. geänderten (Steuer-)Gesetzen konfrontiert. Andererseits verlangt die weiterhin strenge Rechtsprechung insbesondere des BGH ein Höchstmaß an Konzentration und Beachtung bei der Bearbeitung gerade von Mandaten im Vorfeld oder in der Unternehmenskrise.

Soweit innerhalb der 1. Auflage noch festzustellen war, dass die Frage nach den Aufklärungs- und Hinweispflichten zur rechtzeitigen Stellung eines Insolvenzantrages höchstrichterlich noch nicht geklärt war, hat der BGH dazu mittlerweile in mehreren Urteilen Stellung genommen. Hiernach ist nun geklärt, dass der Geschäftsführer einer GmbH in den Schutzbereich des (Steuer-)Beratungsvertrages mit der GmbH einbezogen ist, entgegen der Auffassung noch einiger Instanzgerichte. Den Berater treffen damit gesteigerte Aufklärungs- und Hinweispflichten, auf die in der 2. Auflage einzugehen sein wird.

Die Rechtsprechung des BGH hat u. a. dazu geführt, dass Insolvenzverwalter im Insolvenzeröffnungsverfahren dazu übergegangen sind, einen eigenständigen Prüfungspunkt „(Steuer-)Beraterhaftung" innerhalb des Insolvenzgutachtens aufzunehmen, in dem Ansprüche insbesondere gegen den Steuerberater und/oder den in der Krise mandatierten Rechtsanwalt geprüft werden.

Nicht zuletzt durch die vermehrte Einbeziehung auch von Rechtsanwälten in den Themenkomplex der Haftungsrisiken vor oder in der Unternehmenskrise des Mandanten durch entsprechende anwaltliche Beratung haben wir uns veranlasst gesehen, den Untertitel auf „Risikomanagement für Steuerberater und Rechtsanwälte" auszuweiten.

Rechtsanwälte sind von den Haftungsrisiken ebenso betroffen, auch wenn Steuerberater aufgrund des typischerweise von ihnen zu betreuenden steuerlichen Dauermandats zunächst etwas mehr im Fokus möglicher Haftung stehen.

Die Darstellung in der 2. Auflage ist deshalb so gewählt, dass überwiegend vom „Berater" die Rede ist, wobei „Berater" sinngemäß für Steuerberater und Rechtsanwälte steht. Soweit die beschriebenen Haftungsrisiken im Schwerpunkt den Steuerberater (be-)treffen oder berufsrechtliche Besonderheiten bestehen, wird die Berufsbezeichnung des Steuerberaters beibehalten.

Auch die 2. Auflage will im Sinne der 1. Auflage einen kompakten Überblick über die im Wesentlichen in Betracht kommenden Haftungsrisiken bzw. Problemstellungen geben, die sich im Umgang mit Krisenunternehmen ergeben (können), ohne sich zu sehr in Details zu verlieren. Hilfestellung in der täglichen Beratungspraxis soll nach wie vor der Fußnotenapparat geben, sowie die nach jedem Kapitel neu aufgenommenen Literaturverzeichnisse und das am Ende befindliche Stichwortverzeichnis.

Die Darstellung versucht sich auch weiterhin am aktuellen Stand der Rechtsprechung und Literatur zu orientieren. Es wird bewusst darauf verzichtet, auf sämtliche, in Frage kommende Fallgestaltungen einzugehen, um die Darstellung möglichst überschaubar zu halten. Weiterführende Hinweise sind insbesondere in den Fußnoten untergebracht.

Ziel soll es also sein und bleiben, den Berater zumindest sensibel zu machen und ihn zugleich anregen, externe Hilfe in Anspruch zu nehmen, z. B. durch einen spezialisierten Rechtsanwalt. Beratung in der Krise stellt nämlich auch für den Rechtsanwalt kein alltägliches Beratungsfeld dar, sondern erfordert einen „Spezialisten".

Anregungen oder Anmerkungen, gern auch kritischer Natur, sind den Autoren weiterhin jederzeit willkommen und können z. B. an brete@thomsenundpartner.de gerichtet werden.

Die Autoren danken Frau Wiebke Trümper für die hilfreiche Unterstützung bei der Erstellung der 2. Auflage sowie Frau Anna Pietras und Frau Britta Laufer für die Realisierung derselben.

Hannover, im Mai 2015   Raik Brete
Michael Thomsen

Inhaltsverzeichnis

1	**Einführung**	1
	1.1 Theorie	1
	1.2 Gesetzliche Grundlagen	2
	1.3 Rechtsdienstleistung: Was ist für den Steuerberater erlaubt, was nicht?	5
	1.4 Wie haben Steuerberater und Rechtsanwalt ihren Beruf (qualitativ) auszuüben?	7
	1.5 Versicherungsschutz durch die Vermögensschaden-Haftpflicht	9
	1.6 „Prinzip Hoffnung"	11
	1.7 Krisentypen	13
	Literatur	15
2	**Verhältnis von Berater und Mandant in der Unternehmenskrise**	17
	2.1 Kardinalpflichten der (steuerlichen) Beratung	18
	2.2 Leistungsanforderungen an den Berater als Sanierungsberater	19
	2.3 Dokumentation	21
	2.4 Auftrag	23
	2.4.1 Dauermandat	23
	2.4.2 Insolvenzrechtliche Hinweispflichten	24
	2.5 Compliance im Umfeld mittelständischer Unternehmen – Ansatzpunkte für dolose Handlungen	26
	2.5.1 Insolvenzstraftaten	27
	2.5.2 Insolvenzstrafrechtliche Begleitdelikte	30
	2.5.3 Haftung des faktischen Geschäftsführers	32
	2.6 Folgen für den Berater bei sich verschärfender Krise	34
	2.7 Honorarsicherung	35
	Literatur	37

3 Erweiterte Pflichten der Geschäftsführung in der Unternehmenskrise 41
- 3.1 Grundsatz eines ordentlichen Kaufmanns 42
- 3.2 Gesellschaftsrechtliche Verpflichtungen 42
- 3.3 Risikomanagement 43
  - 3.3.1 Gesetzliche Überwachungssysteme 44
  - 3.3.2 Operative Frühwarnsysteme 44
  - 3.3.3 Strategische Frühwarnsysteme 45
  - 3.3.4 Unternehmensorganisation 45
  - 3.3.5 Exkurs: Unternehmens-Reorganisationsgesetz Österreich (URG) ... 46
- 3.4 Wirtschaftliche Verpflichtungen 46
- 3.5 Pflicht zur Gehaltsanpassung in der Krise 47
- Literatur 49

4 Unternehmensführung und Finanzierungsverantwortung des Geschäftsführers in der Krise 51
- 4.1 (Selbst-)Information im Drittinteresse 51
- 4.2 Solvenztest und Unternehmenskontrolle 52
  - 4.2.1 Bilanzanalyse/Analyse der Gewinn- und Verlustrechnung 53
  - 4.2.2 Betriebliche Statistik 53
  - 4.2.3 Unternehmensplanung 53
  - 4.2.4 Analyse der wirtschaftlichen und rechtlichen Unternehmensumwelt 54
- 4.3 Liquiditätsvorsorge 54
- Literatur 56

5 Haftungsrisiken für Geschäftsführer und Berater 59
- 5.1 Haftungsrisiken für den Geschäftsführer 59
- 5.2 Haftungsrisiken für den Berater 61
- Literatur 61

6 Kapitalerhaltung und Ausschüttungsverbot 63
- 6.1 Grundzüge der Kapitalaufbringung und Kapitalerhaltung – Kapitalverfassung von AG und GmbH 63
  - 6.1.1 Kapitalaufbringung bei der GmbH 63
  - 6.1.2 UG haftungsbeschränkt 66
  - 6.1.3 Gründungsschwindel 66
  - 6.1.4 Kapitalerhaltung der GmbH 67
  - 6.1.5 Kapitalaufbringung bei der AG 68
  - 6.1.6 Kapitalerhaltung bei der AG 69
- 6.2 § 30 GmbHG/§ 57 AktG 70
- 6.3 Haftungsrisiken für Geschäftsführer und Berater 70
- Literatur 71

7	**Insolvenzantragspflicht nach § 15a InsO**	73
	7.1 Grundtatbestand der Insolvenzverschleppung	73
	7.2 Antragspflicht auch der Gesellschafter und Aufsichtsratsmitglieder	75
	7.3 Strafbarkeit der Insolvenzverschleppung nach § 15a Abs. 4 InsO	77
	7.4 Zivilrechtliche Konsequenzen der Insolvenzverschleppung für Geschäftsführer und Berater	78
	7.4.1 Sanierungspflicht versus Insolvenzantragspflicht	81
	7.4.2 Prüfungspflicht versus Zahlungsverbot	83
	7.4.3 Sozialversicherungsbeiträge und Lohnsteuer	84
	7.4.4 Haftung des (Steuer-)Beraters aufgrund Vertrag mit Schutzwirkung zugunsten Dritter	86
	7.5 Strafrechtliche Konsequenzen der Insolvenzverschleppung für Mandant und Berater	90
	7.5.1 Geschäftsführer	90
	7.5.2 Berater	91
	7.5.3 Pflicht des (Steuer-)Beraters zur Mandatsniederlegung	94
	Literatur	95
8	**Fazit**	101
	Literatur	104
Sachverzeichnis		105

Einführung 1

1.1 Theorie

Beratung in der Unternehmenskrise ist nicht nur eine in höchster Potenz gefahrgeneigte und haftungsträchtige Tätigkeit, sondern auch eine fachlich und vor allem psychisch anspruchsvolle Dienstleistung (siehe jüngst für die steuerliche Beratung Kruth 2014, S. 225 f.). Es wird – neben den übrigen Beteiligten – insbesondere vom Berater schnelles Analysieren verschiedenster Sachverhalte in kurzer Zeit, sichere Entscheidungen und konsequentes Handeln verlangt.

Demgegenüber besteht für den Berater ein hohes Haftungsrisiko, auch aufgrund der strengen Rechtsprechung zur (Steuer-)Beraterhaftung[1].

Parallel dazu sind aber auch die Mandanten in den letzten Jahren kritischer geworden: es wird deutlich mehr hinterfragt, vielfach auch beeinflusst bzw. beinahe begünstigt durch die Informationsflut in den sog. Neuen Medien, auch zu haftungsrechtlichen Themen (z. B. Handelsblatt v. 11.8.2011 oder Focus-Money v. 21.8.2013, Heft 35; Lappas 2008, S. 1 ff.).

Andererseits sind die Gründe für die Haftungsinanspruchnahme zum Teil oft auch „hausgemacht", d. h. vom Berater selbst verursacht, etwa durch Fristversäumnisse oder mangelhafte Sachverhaltsaufklärung als Voraussetzung für die rechtliche Würdigung oder schlicht fehlende Rechtskenntnis, gerade auch im Umgang mit sog. Krisenmandanten und den sich daraus ergebenden Haftungsrisiken.

Vor allem der Steuerberater steht besonders im Fokus, nicht nur gegenüber dem eigenen Mandanten aufgrund langjähriger Mandatsbeziehung, sondern auch gegenüber den

---

[1] Alvermann u. Wollweber 2008, S. 356 (361): *„In der Rechtsprechung zur Beraterhaftung mutiert der Idealberater zum Roboter. Der Pflichtenumfang ist überhöht, der Mandantenschutz geht über alles, der Beraterschutz zählt nichts."*; siehe auch BGH v. 23.2.2012 – IX ZR 92/08, ZIP 2012, 777.

weiteren Beteiligten, wie Kreditinstituten, Finanzamt, Rechtsanwälten und oftmals auch gegenüber Kunden und Lieferanten.

Der Steuerberater bildet hierbei nicht selten die Schnittstelle bzw. ist erster Ansprechpartner, da er den Mandanten, also das Krisenunternehmen, seit vielen Jahren – und damit am besten – kennt (Kruth 2014, S. 225 f.). Jeder Steuerberater wird schon einmal den Satz von seinem Mandanten gehört haben *„Zahlen und Unterlagen hat mein Steuerberater"* oder *„Fragen Sie dazu doch meinen Steuerberater, der weiß das"*. Dies ist einerseits von Vorteil, da der Steuerberater so als eine Art „zentrale Anlaufstelle" fungieren kann, was Prozesse und Entscheidungswege abkürzt.

Andererseits birgt das die Gefahr, dass sich der Steuerberater dadurch noch zusätzlich in Abhängigkeits- und Haftungsverhältnisse begibt, da sich die Beteiligten im Zweifel auf das Tätigwerden des Steuerberaters verlassen und gar nicht hinterfragen, ob der Steuerberater überhaupt in der Lage bzw. beauftragt ist, das bisherige Mandat, welches nun ein sog. Krisenmandat ist, fachlich und zeitlich zu bearbeiten.

Steuerberater, die neben den „klassischen" Tätigkeiten wie Lohn- und Finanzbuchhaltung und Erstellung von Jahresabschlüssen/Gewinnermittlungen und Steuererklärungen auch Beratung in der Unternehmenskrise als Dienstleistung anbieten bzw. erbringen wollen, müssen deshalb nicht nur über spezielles betriebswirtschaftliches, sondern *und* auch rechtliches Know-how[2] verfügen, auch, um sich selbst zu schützen.

Nachfolgende Darstellung soll hierzu einen Überblick vermitteln, um für die Implementierung eines mindestens gedanklichen Risikomanagementsystems (RMS)[3] i. S. d. § 91 AktG auch in der eigenen Kanzlei sensibel zu machen. Ein solches RMS trägt insbesondere dazu bei, das Vermögen des Beraters – die Kanzlei[4] – zu schützen und zudem den Versicherungsschutz zu erhalten.

1.2 Gesetzliche Grundlagen

Das Steuerberatungsgesetz (StBerG) normiert die Tätigkeit des Steuerberaters, auch hinsichtlich der sachlichen Qualität:

§ 33 StBerG

Steuerberater ... haben die Aufgabe, in Steuersachen zu beraten ... sowie die Hilfeleistung bei der Erfüllung von Buchführungspflichten, die auf Grund von Steuergesetzen bestehen, insbesondere die Aufstellung von Steuerbilanzen und deren steuerrechtliche Beurteilung.

---

[2] Frege 2006, S. 545 (547): „... *erfordert eine Sanierungsberatung fundierte Kenntnisse vor allem im Gesellschafts-, Arbeits-, Insolvenz- und Steuerrecht.*"

[3] Nach Ehlers 2008, S. 578 (580) ist das erste Gebot einer Haftungsprävention ein eigenes Risikomanagementsystem; siehe auch Pauli u. Albrecht 2014, S. 17 u. Gounalakis 1998, S. 3593.

[4] Siehe hierzu den Fall der Kanzlei Herrmann Hemmelrath & Partner mit dem hierzu ergangenen Urteil des BGH v. 19.3.2009 – IX ZR 214/07, GmbHR 2009, 613 m. Anm. Römermann 2009, NJW, S. 2924 (2926 f.).

§ 57 Abs. 3 Nr. 3 StBerG

Mit dem Beruf eines Steuerberaters ... sind insbesondere vereinbar eine wirtschaftsberatende, gutachterliche ... Tätigkeit ...

§ 57 Abs. 4 Nr. 1 StBerG

... nicht vereinbar, ... insbesondere eine gewerbliche Tätigkeit; ...

Damit kann festgehalten werden, dass Steuerberater im Rahmen einer wirtschaftsberatenden Tätigkeit grundsätzlich auch krisenspezifische Dienstleistungen auf dem Gebiet der Sanierungs- und Restrukturierungsberatung anbieten und durchführen dürfen (Gehre u. Koslowski 2015, § 33 Rn. 11; Krenzler 2010, § 5 Rn. 93; Scheffler u. Beigel 2000, S. 1277 ff.)[5].

▶ **Praxishinweis** Es ist zwingend zwischen betriebswirtschaftlicher und rechtlicher Sanierungsberatung zu unterscheiden. Rechtliche Sanierungsberatung stellt nämlich in der Regel eine, für Steuerberater nicht erlaubte Rechtsdienstleistung dar, für die **kein Versicherungsschutz** besteht (Gehre u. Koslowski 2015, § 33 Rn. 18; BGH, BB 1963, S. 787). Ist der Beratungsvertrag wegen unerlaubter Rechtsdienstleistung nichtig, kann **kein Honoraranspruch** bestehen[6].

Im Gegensatz zum Steuerberater ergeben sich für Rechtsanwälte keine Einschränkungen hinsichtlich der Tätigkeit im Rahmen einer Krisen- bzw. Sanierungsberatung.

Gemäß § 3 Abs. 1 Bundesrechtsanwaltsordnung (BRAO) ist der Rechtsanwalt Vertreter in allen Rechtsangelegenheiten, im Gegensatz zu Steuerberatern und Wirtschaftsprüfern (Kleine-Cosack 2009, § 3 Rn. 2). Damit ist es dem Rechtsanwalt uneingeschränkt erlaubt, Beratung im Vorfeld einer Krise und in der Krise selbst zu betreiben.

Für beide Berufsgruppen gilt gleichermaßen die **Verschwiegenheitspflicht**, für den Rechtsanwalt gemäß § 43a BRAO und für Steuerberater nach § 57 Abs. 1 StBerG.

Die Verschwiegenheitspflicht bezieht sich auf alle Informationen, die eine vertrauliche Behandlung erfordern (Henssler 1994, S. 1817 f.). Die Schweigepflicht erfasst damit alle „Geheimnisse", also Tatsachen, die nur einem beschränkten Personenkreis bekannt sind (Leckner u. Eisele 2014, § 203 Rn. 6; für den Steuerberater Schaaf 2012, S. 349). Dies umfasst auch die Identität des Mandanten, die Tatsache seiner Beratung und die Höhe der vereinbarten Vergütung (Henssler 1994, S. 1817, 1822 ff.)[7].

---

[5] Ausführlich zum **Sanierungsberater** nach dem **Restrukturierungsgesetz** v. 9.12.2010, BGBl. I 2010, 1900: Schmittmann 2011, S. 545.

[6] BGH v. 30.9.1999 – IX ZR 139/98, NJW 2000, 69 m. Anm. Goette, DStR 2000, 783; LG München v. 3.10.1988 – 26 O 12185/88, StB 1990, 24; Hund, DStR 2008, 1208 (1210); siehe aber BGH v. 17.2.2000 – IX ZR 50/98, BB 2000, 740 = NJW 2000, 1560 = DStR 2000, 556 wonach ein Anspruch aus ungerechtfertigter Bereicherung nach §§ 812 BGB ff. gegeben sein kann, wenn dem Steuerberater nicht bewusst war, dass er gegen ein gesetzliches Verbot verstoßen hat.

[7] Siehe BVerwG v. 30.9.2009 – 6 A 1.08, BVerwGE 135, 77 (88 m. w. N.) = AnwBl. 2010, 528.

Die Verschwiegenheitspflicht besteht somit wie die Schweigepflicht i. S. d. § 203 StGB, deren Verletzung gem. § 203 Abs. 1 Nr. 3 StGB mit Strafe bedroht ist.

Auf die Verschwiegenheitspflicht ist im Krisenmandat deshalb besonders hinzuweisen, weil der Berater regelmäßig mit Dritten in Kontakt kommt, z. B. mit Gläubigern über Zahlungsmodalitäten verhandelt und die Gläubiger dabei auch über die konkrete wirtschaftliche Situation informieren muss. Dabei sind oftmals Unternehmenszahlen und -daten offenzulegen, die mit der laufenden Geschäftsbeziehung unmittelbar gar nichts zu tun haben. Der Berater muss dann darauf achten, der er sich u. U. von der Verschwiegenheitspflicht befreien lässt oder jedenfalls vollumfänglich berechtigt ist, Auskünfte etc. an Dritte zu erteilen oder weiterzugeben.

Praxisrelevant ist des Weiteren das für den Rechtsanwalt in § 43a BRAO normierte **Verbot, keine widerstreitenden Interessen zu vertreten**.

Ein solch ausdrückliches Verbot kennt das Berufsrecht für den Steuerberater nicht. § 6 Abs. 1 der Berufsordnung für Steuerberater (BOStB) verbietet ein Tätigwerden nur dann, wenn eine Kollision mit eigenen Interessen des Steuerberaters gegeben ist.

§ 6 Abs. 2 S. 1 BOStB erlaubt ausdrücklich die Beratung und Vertretung mehrerer Auftraggeber, wenn dem Steuerberater ein gemeinsamer Auftrag erteilt ist oder alle Auftraggeber einverstanden sind.

Für den Rechtsanwalt bedeutet das Verbot, keine widerstreitenden Interessen zu vertreten, dass er zwar mehrere Mandanten bei der Durchsetzung gleichgerichteter Ansprüche vertreten darf.

Geraten dabei aber Ansprüche oder Interessen in ein echtes Konkurrenzverhältnis, hat der Rechtsanwalt **beide Mandate** nieder zu legen. Das ist etwa der Fall, wenn der Rechtsanwalt einem der Mandanten einen Vorteil gegenüber dem andern verschaffen kann, z. B. bei der Zwangsvollstreckung (Offermann-Burckart 2007, S. 151, 153).

Im Rahmen einer Krisen- oder Sanierungsberatung muss sich der Rechtsanwalt deshalb bereits bei Mandatsbeginn darüber im Klaren sein, wen konkret er vertritt und dies auch gegenüber den/dem Mandanten klar kommunizieren: den Geschäftsführer des Krisenunternehmens oder das Unternehmen – oft eine Gesellschaft/GmbH – selbst.

Zudem muss der Rechtsanwalt insbesondere bei Verhandlungen mit mehreren Gläubigern darauf achten, dass es hierbei nicht zu einer Bevorzugung einzelner Gläubiger kommt bzw. er ausschließlich die Interessen seines Mandanten – Geschäftsführer oder Gesellschaft – im Blick hat, um nicht Gefahr zu laufen, auch die Interessen der Gläubiger zu vertreten.

Die Vertretung widerstreitender Interessen hat die Nichtigkeit des Anwaltsvertrages zur Folge und damit hat der Rechtsanwalt keinen Honoraranspruch[8].

Zudem kann der Rechtsanwalt den Tatbestand des Parteiverrats nach § 356 Abs. 1 StGB erfüllen, nicht jedoch der Steuerberater[9].

---

[8] Aktuell OLG München v. 29.10.2014 – 7 U 4279/13, AnwBl. 2014, 94, Nichtzulassungsbeschwerde beim BGH zum Az. II ZR 241/14 anhängig.

[9] Täter kann nur ein Rechtsanwalt sein: Fischer 2015, § 356 Rn. 2.

1.3 Rechtsdienstleistung: Was ist für den Steuerberater erlaubt, was nicht?

Im vorherigen Praxishinweis wurde auf für Steuerberater nicht erlaubte Rechtsdienstleistung hingewiesen. Das Thema wird in der Praxis oftmals unterschätzt bzw. scheint bei Steuerberatern wenig Beachtung zu finden. So ist immer wieder zu beobachten, dass Steuerberater allzu leichtfertig Verträge oder zumindest Vertragsmuster vor allem von Arbeits-, Miet- oder Darlehensverträgen für ihre Mandanten fertigen bzw. herausgeben.

Motiviert ist dies meist aufgrund falsch verstandener Mandatsbeziehung, um dem Mandanten einen Gefallen zu tun, damit dieser sich den Gang zum Rechtsanwalt sparen kann, zumal das Dauermandat beim Steuerberater aus Sicht einiger Mandanten ohnehin schon teuer genug ist, nach dem Motto *„Das ist doch im Preis drin."* und/oder *„Der Rechtsanwalt will für so ein bisschen Vertragsprüfung auch noch eine Menge Geld haben.".* Erstellt der Steuerberater beispielsweise einen Darlehensvertrag, kann er sich gegenüber dem Mandanten schadensersatzpflichtig machen[10].

Typischerweise in der Betriebsprüfungssituation oder wenn der Mandant in die Krise geraten ist, realisiert sich dann das Haftungsrisiko aus den fehlerhaften oder dem Einzelfall nicht hinreichend angepassten Verträgen, wobei der Verlust des Honoraranspruchs noch das kleinere Übel sein dürfte; fehlender Versicherungsschutz kann die eigene Existenz des Steuerberaters gefährden.

Der Steuerberater tut sich also überhaupt keinen Gefallen, wenn er den Mandanten „mit Verträgen versorgt", auch wenn der Gesetzgeber durch das Rechtsdienstleistungsgesetz (RDG) zum 1.7.2008 die bis dahin deutlich strengeren Regelungen des Rechtsberatungsgesetzes (RBerG) auch zugunsten der Steuerberater entschärft und der Beratungspraxis angepasst hat. Erlaubt sind hiernach Rechtsdienstleistungen im Zusammenhang mit einer anderen Tätigkeit, wenn sie als Nebenleistung zum Berufs- oder Tätigkeitsbild gehören, § 5 Abs. 1 RDG. Dazu der Versicherer HDI-Gerling:

> Das neue Rechtsdienstleistungsgesetz erweitert zum 1. Juli 2008 die Beratungsbefugnisse der Steuerberater im außergerichtlichen Bereich in einem sehr moderaten und teilweise auslegungsbedürftigen Maß. Die Trennlinie zwischen erlaubter und unzulässiger Rechtsberatung bleibt unscharf. (GI service 2008)

Die Rechtsprechung wird auch in Zukunft für den Einzelfall klären müssen, was noch zum Berufs- und Tätigkeitsbild des Steuerberaters gehört und was nicht mehr[11]. So soll es dann

---

[10] Siehe OLG Köln v. 26.8.2005 – 8 U 20/0, GI 2007, 128.
[11] Zu den für Steuerberater erlaubten Rechtsdienstleistungen siehe Hässel u. Hengsberger 2009, S. 135; seit BGH v. 9.5.1967 – Ib ZR 59/65, NJW 1967, 1558 = BB 1967, 680 wird das (damalige) Rechtsberatungsgesetz auch als Schutzgesetz i. S. d. § 823 Abs. 2 BGB zugunsten der Rechtsanwälte angesehen, woraus sich mit entsprechender Anwendung des § 1004 BGB ein Unterlassungsanspruch ergeben kann.

am Charakter der Nebenleistung fehlen, wenn die Rechtsdienstleistung in besonderem Interesse des Auftraggebers liegt und nahezu gleichwertig zur eigentlichen Steuerberatungsleistung tritt (Hirtz 2008, § 2 u. 5).

Es liegt auf der Hand, dass die Grenzen insoweit fließend sind und sich im Übrigen Überschneidungen zwischen Rechtsdienstleistung und Steuerberatungsleistung gar nicht vermeiden lassen. Besonders deutlich wird dies anhand der Rechtsprechungsentscheidungen nunmehr auch durch den BGH (auf die später noch näher einzugehen sein wird) zur Haftung des Steuerberaters bei nicht rechtzeitig gestelltem Insolvenzantrag durch den Mandanten: Einerseits ist die Beratung bzw. Beurteilung des Vorliegens der Insolvenzantragsgründe gem. den §§ 17 und 19 InsO Rechtsdienstleistung, mit der Folge, dass es für den Steuerberater nicht erlaubt ist.

Andererseits haftet der Steuerberater – jedenfalls nach LG Wuppertal vom 6.7.2011 – 3 O 359/10 – für Beratungsfehler im Zusammenhang mit der nicht rechtzeitigen Insolvenzantragstellung, da die Geschäftsführer mit in den Schutzbereich des Steuerberatungsvertrages zwischen dem Steuerberater und der GmbH (spätere Insolvenzschuldnerin) einbezogen seien.

Dies zeigt deutlich die Problematik, der sich der Steuerberater in der Praxis ausgesetzt sieht: Er darf keine unerlaubte Rechtsberatung anbieten und durchführen, soll jedoch aus Haftungsgesichtspunkten beurteilen und beraten, ob eine Insolvenzantragstellung in Frage kommt oder nicht[12]. Dazu kommt er aber gar nicht umhin, sich insbesondere auch mit den zuvor angesprochenen §§ 17 und 19 InsO auseinanderzusetzen, was jedoch reine Rechtsberatung darstellt!

Festhalten lässt sich gleichwohl, dass die Beratung vor und in einem Insolvenzfall eine Tätigkeit gem. § 57 Abs. 3 Nr. 3 StBerG darstellt (Scheffler u. Beigel 2000, S. 1277 ff.). Sie umfasst insbesondere die Organisation des Betriebs- und Verwaltungsablaufs, Organisation des Rechnungswesens, Erstellung von Kostenrechnungen und Kalkulationen, Finanzierungs- und Finanzplanberatung sowie die Beratung im Zusammenhang mit Beschaffung, Lagerhaltung und Vertrieb. All dies sind erlaubte wirtschaftsberatende Tätigkeiten (Gehre u. Koslowski 2015, § 33 Rn. 11).

Die Vorschrift des § 5 RDG ist daher keine eng auszulegende Ausnahmevorschrift, sondern immer dann anwendbar, wenn die Haupttätigkeit steuerliche oder betriebswirtschaftliche Zielsetzungen verfolgt (Hund 2008, S. 1208 ff.).

Der BGH hat sich bereits in einigen Entscheidungen mit der Thematik befasst:

Nach BGH v. 7.3.2013[13] gehört die Insolvenz- und Sanierungsberatung zum Berufsbild des Steuerberaters.

---

[12] Siehe Lappas 2008, S. 1 f. zu den Stimmen in der Literatur, welche die von der Rechtsprechung an den Steuerberater gestellten Anforderungen als viel zu hoch ansehen.
[13] BGH v. 7.3.2013 – IX ZR 64/12, NZI 2013, 438.

Gemäß BGH v. 12.5.2011[14] verstößt der Beratungsvertrag über eine Sanierung nicht gegen das RDG, wenn es sich bei der Tätigkeit des Steuerberaters überwiegend um eine wirtschaftliche handelt.

Nach BGH v. 1.2.2007[15] darf die vom Steuerberater erbrachte Rechtsdienstleistung wiederum nicht im Vordergrund stehen.

▶ **Praxishinweis** Damit der Steuerberater gar nicht erst in die Gefahr unerlaubter Rechtsberatung und damit insbesondere auch des Verlustes des Versicherungsschutzes gerät, sollte er immer die Hinzuziehung auch eines Rechtsanwaltes in Erwägung ziehen bzw. den Mandanten ausdrücklich an einen Rechtsanwalt verweisen[16].

1.4 Wie haben Steuerberater und Rechtsanwalt ihren Beruf (qualitativ) auszuüben?

Steuerberater haben ihren Beruf u. a. **gewissenhaft** auszuüben, § 57 Abs. 1 StBerG, § 4 Abs. 1 BOStB[17]. Gewissenhaft bedeutet, eine Büroorganisation vorzuhalten in Bezug auf Praxisräume, Mandanten- und Handakten, Fristwahrung und Fortbildungsverpflichtung (Goez 2010, S. 100).

Verstöße gegen die gewissenhafte Berufsausübung können eine Berufspflichtverletzung darstellen, die berufsrechtliche Sanktionen durch die Steuerberaterkammer nach sich ziehen können (ebd., S. 99 ff.).

Gewissenhaft bedeutet aber auch, dass der Steuerberater nicht nur dem Mandanten verpflichtet ist, sondern auch den übergeordneten **Berufspflichten**, die gegenüber dem Mandant vorgehen können[18].

Weiter dürfen Steuerberater einen Auftrag nur annehmen, wenn sie über die dafür erforderliche **Sachkunde** (Gehre u. Koslowski 2015, § 57 Rn. 49) und die erforderliche **Zeit** verfügen, § 4 Abs. 2 BOStB.

---

[14] BGH v. 12.5.2011 – III ZR 107/10, NZI 2011, 498 = ZInsO 2011, 1303 m. Anm. Mutschler, DStR 2011, S. 1874.

[15] BGH v. 1.2.2007 – III ZR 281/05, NJW 2007, 1130 = ZIP 2007, 432 m. Anm. Kleine-Cosack 2007, S. 518.

[16] Lesenswert auch für Steuerberater: Minoggio 2009 zur notwendigen Zusammenarbeit von Firmen- bzw. Unternehmensanwalt und externen spezialisierten Strafverteidiger.

[17] Soweit ersichtlich, existiert bisher keine BGH-/OLG-Rechtsprechung; siehe aber LG Hannover v. 9.1.2006 – 44 StL 28/05, DStRE 2008, 64 (wahrheitswidriger Vortrag in Prozess); LG Frankfurt v. 25.8.2006 – 5/35 StL 2/06, DStRE 2007, 1536 (Versicherungslücken bei der Berufshaftpflichtversicherung); LG Hannover v. 25.6.2007 – 44 StL 28/06 (Nichtabführen der einbehaltenen Arbeitnehmer-Anteile an die Sozialversicherungsträger der beim Steuerberater beschäftigten Arbeitnehmer).

[18] Siehe LG Aachen v. 21.10.1983 – 5 S 183/83, DStR 1984, 242; grundsätzlich zum Berufrecht Cremer, SteuerStud 2009, S. 219.

Steuerberater, die einen Beratungsauftrag – z. B. auch eines Unternehmens in der Krise – aus Mangel an Zeit oder wegen fehlender Sachkunde nicht aus- bzw. durchführen können, müssen den Auftrag **unverzüglich** ablehnen. Andernfalls machen sie sich schadenersatzpflichtig, § 63 StBerG. Unverzüglich bedeutet ohne schuldhaftes Zögern, in der Regel **2 Wochen** (vgl. § 121 BGB) (Ellenberger 2015, § 121 Rn. 3)[19].

Die Pflichten des **Rechtsanwalts** zur qualitativen Berufsausübung entsprechen weitgehend denen des Steuerberaters. Es bestehen lediglich berufsspezifisch bedingte Abweichungen.

Wie der Steuerberater, muss auch der Rechtsanwalt einen Auftrag unverzüglich ablehnen, wenn er diesen nicht bearbeiten kann, so § 44 S. 1 BRAO. Anderenfalls haftet der Rechtsanwalt nach § 44 S. 2 BRAO (Borgmann et al. 2014, § 13 Rn. 73 ff.).

Im Übrigen hat der Rechtsanwalt als oberste Berufspflicht gemäß § 43 BRAO seinen Beruf ebenfalls gewissenhaft auszuüben. Dies beinhaltet im Wesentlichen die Gesetzeskenntnis, Kenntnis der Rechtsprechung und Kenntnis des Schrifttums[20].

Konkret trifft den Rechtsanwalt diesbezüglich eine Aufklärungspflicht in Form einer Beratung und Belehrung des Mandanten dahin, ihn in die Lage zu versetzen, eigenverantwortlich darüber zu entscheiden, ob und wie er seine Rechte geltend machen möchte[21]. Dabei muss der Rechtsanwalt, analog dem Steuerberater, den sichersten und zweckmäßigsten Weg wählen.

Einschränkungen hiervon bestehen nur, soweit der Rechtsanwalt allein die rechtlich zulässigen Handlungsalternativen aufzeigen darf, die nicht jegliche Risikobereitschaft des Mandanten ausschließen müssen[22].

▶ **Praxishinweis** Um einer **Beweisnot** insbesondere im Haftungsprozess vorzubeugen, ist unbedingt an die **Dokumentation der Ablehnung** und den **Nachweis des Zugangs** beim Mandanten zu denken. Eine telefonische Ablehnung sollte – oder besser muss – (nochmals) schriftlich bestätigt werden. Wird die Ablehnung nicht unverzüglich erklärt, ist der Schaden zu ersetzen, der aus der schuldhaften Verzögerung der Ablehnungserklärung entsteht (Bauerhaus u. Kräger 2007, S. 597, 601)[23].

---

[19] Unter Verweis auf OLG Hamm, NJW-RR 1990, 523; nach OLG Karlsruhe v. 10.11.1994 – 11 U 87/93, GI 1995, 146 bedeutet „unverzüglich", dass der Mandant noch die Möglichkeit hat, selbst fristgerecht beim Finanzamt vorstellig zu werden; siehe auch BGH v. 3.5.2001 – IX ZR 46/00, DStRE 2001, 1071.

[20] BGH v. 22.9.2005 – IX ZR 23/04, NJW 2006, 501.

[21] BGH v. 8.11.2001 – IX ZR 64/01, NJW 2002, 292.

[22] Siehe BGH v. 23.10.2003 – IX ZR 249/02, NJW 2004, 444 m. Anm. Kerkhoff, NWB 2004, 1501.

[23] OLG Karlsruhe v. 10.11.1994 – 11 U 87/93, GI 1995, 146.

1.5 Versicherungsschutz durch die Vermögensschaden-Haftpflicht

Bekanntermaßen ist der Versicherungsschutz gesetzlich vorgeschrieben, § 67 StBerG; der Versicherungsschutz ist Voraussetzung für die Bestellung

- für den Steuerberater nach § 67 StBerG
- für den Rechtsanwalt nach § 51 BRAO; der Nachweis der Versicherung ist Voraussetzung zur Zulassung zur Rechtsanwaltschaft, § 12 Abs. 2 BRAO.

Um den Versicherungsschutz nicht zu gefährden, sind im Sinne eines Kanzlei–RMS auch die Allgemeinen Versicherungsbedingungen des Haftpflichtversicherers zu beachten, insbesondere ist ein Studium des „Kleingedruckten" zu empfehlen. Dies hilft, die tägliche Arbeit mit der erforderlichen Distanz zu betrachten, vor allem, von manch schneller Auskunft am Telefon – **Auskunftsvertrag** ggf. mit Schadensersatzforderungen (Spliedt 2008, § 1 Rn. 30)[24] – Abstand zu nehmen sowie die Tücke typischer Gefälligkeitssituationen („mal eben schnell eine Bescheinigung ausstellen") zu erkennen.

Es kann aber festgehalten werden, dass auch die betriebswirtschaftliche Beratung i. S. d. § 57 Abs. 3 Nr. 2 und 3 StBerG – also wie oben unter 1.3 dargestellt, die Insolvenz- bzw. Sanierungsberatung – vom Versicherungsschutz umfasst ist (Gehre u. Koslowski 2015, § 67 Rn. 8).

Allerdings ist in diesem Zusammenhang ausdrücklich auf die VH 558:03 – **Allgemeinen Versicherungsbedingungen für Wirtschaftsprüfer und vereidigte Buchprüfer, Steuerberater, Rechtsanwälte und Patentanwälte (AVB–WSR)** – hinzuweisen:

Teil 1 AVB

§ 4 Ausschlüsse

„Der Versicherungsschutz bezieht sich nicht auf Haftpflichtansprüche wegen Schadensverursachung durch wissentliches Abweichen von Gesetz, Vorschrift, Anweisung oder Bedingung des Auftraggebers oder durch sonstige wissentliche Pflichtverletzung."

§ 6 Leistungsfreiheit, Leistungskürzung…bei der Obliegenheitsverletzung nach § 5

„Wird eine Obliegenheit verletzt, die dem Versicherer gegenüber zu erfüllen ist, ist der Versicherer von der Verpflichtung zur Leistung frei, wenn der Versicherungsnehmer die Obliegenheit vorsätzlich verletzt hat."

Teil 3 BBR–S

B. II.

„Der Versicherungsschutz erstreckt sich auch auf Tätigkeiten, die nach § 57 Abs. 3 Nr. 2, 3 und 6 StBerG mit dem Beruf vereinbar sind, und zwar

---

[24] BGH v. 18.12.2008 – IX ZR 12/05, NJW 2009, 1141 = DStR 2009, 818 m. Anm. Meixner et al. Stbg 2009, S. 189.

1. *Durchführung von betriebswirtschaftlichen Prüfungen ...;*
2. *Erstattung von berufsüblichen Gutachten;*
3. *Erstellung von Bilanzanalysen;*
7. *...*
a. *die wirtschaftliche Beratung bei ... Sanierung, Auflösung oder bei dem Verkauf von Unternehmen, beim Abschluss von Verträgen, bei Finanzierung von Projekten, bei Aufstellung von Budgets und Wirtschaftlichkeitsberechnungen;*
b. *Unternehmens- und Organisationsberatung; Voraussetzung ist jedoch immer, dass der Versicherungsnehmer oder die von ihm mit diesen Aufgaben betrauten Personen über besondere Kenntnisse und Erfahrungen verfügen, um diesen Auftrag sachgerecht durchführen zu können".*

Zu den **Obliegenheiten des Versicherungsnehmers** – Steuerberater oder Rechtsanwalt – zählt es, einen Versicherungsfall unverzüglich anzuzeigen. Zudem ist der Berater zur Schadensminderung und Aufklärung des Schadensfalls verpflichtet.

Diese Verpflichtung muss der Berater unbedingt ernst nehmen, wenn er den Versicherungsschutz nicht verlieren will. Was auf den ersten Blick als selbstverständlich klingt, erweist sich in der Praxis oft als problematisch: vor allem Steuerberater neigen dazu, einen (möglichen) Versicherungsfalls selbst „regulieren" zu wollen, meist vor dem Hintergrund, das seit Jahren bestehende (Dauer-)Mandat nicht zu verlieren. Dies mag beispielsweise bei der Festsetzung von Verspätungszuschlägen bei geringfügigen Fristüberschreitungen aufgrund verspätet übertragener Steuererklärungen sachgerecht (und finanziell tragbar) erscheinen.

Stehen hingegen Insolvenzverschleppungsschäden im Raum, ist die „Selbstregulierung" keine Alternative. Hier muss der Steuerberater den Mandanten, der Schadensersatzansprüche zunächst meist mündlich formuliert, auffordern, seine Ansprüche unverzüglich schriftlich geltend zu machen. Nur so herrscht für beide Seiten Klarheit darüber, ob tatsächlich ein Haftungsfall in Rede steht und der Steuerberater kann die Schadensanzeige seiner Versicherung weiterleiten, ohne dass es im Nachhinein auch noch zu Streit über die Rechtzeitigkeit der Schadensanzeige kommt.

Ganz wichtig ist es für die Erhaltung des Versicherungsschutzes zudem, dass der Berater gegenüber dem Mandanten den Schadens- bzw. Versicherungsfall nicht anerkennt, sondern die Beurteilung und Entscheidung **ausschließlich** seiner Versicherung vorbehält (und diese dem Mandanten ggf. auch erklärt). Auch das klingt selbstverständlich, ist es aber nicht immer. Oft wird zwischen Berater und Mandant zunächst umfangreicher E-Mail-Verkehr geführt, der jedoch fast nie zu einer Problemlösung führt, sondern nur den Versicherungsschutz des Beraters gefährdet.

▶ **Praxishinweis** Bei Zweifelsfragen ist immer auch eine Rücksprache mit dem eigenen Haftpflichtversicherer empfehlenswert, da **einzelne** Mandate bzw.

Aufträge auch **gesondert versichert** werden können und ggf. auch sollten[25] oder es sollte eine Vereinbarung über eine **Haftungsbeschränkung** (Nickert 2008, S. 56 ff.; Waschk 2006, S. 817) in Betracht gezogen werden.

1.6 „Prinzip Hoffnung"

Eine Unternehmenskrise kommt selten „über Nacht", sondern kündigt sich durch verschiedenste Krisenanzeichen an (i. d. S. Geißler 2011, S. 309).

Krisenanzeichen werden vom Mandanten aber oft nicht gesehen oder als solche wahrgenommen. Vielmehr neigen die Mandanten zur Bagatellisierung und Verdrängung (Spliedt 2008, § 1 Rn. 2). So segelt der Mandant durch die „Krisengebiete" – Stakeholderkrise, strategische Krise, Ertragskrise, Liquiditätskrise und schließlich die juristische Krise (Crone u. Werner 2007, S. 1 ff.) – und hofft, es wird schon wieder besser werden.

Auch ist eine Unternehmenskrise bei den übrigen Beteiligten stark vom „Prinzip Hoffnung"[26] geprägt. Kreditinstitute hoffen, dass Kredite und vor oder in der Krise verlängerte Kreditlinien zurückgeführt werden. Arbeitnehmer und Lieferanten hoffen, dass ausstehende Zahlungen zukünftig oder überhaupt noch geleistet werden.

Der Steuerberater hofft, das Mandat nicht zu verlieren, was einerseits nachvollziehbar ist, andererseits aber immense Haftungsrisiken birgt, zivil- und auch strafrechtlicher Natur (i. d. S. Ganz u. Geyer 2004, § 28 Rn. 88; Schmittmann 2008, S. 1170 ff.).

Der Insolvenzverwalter wiederum hofft auf „neue Aufträge", er möchte bestellt werden, § 56 InsO.

Durch die Eröffnung des Insolvenzverfahrens geht das Verwaltungs- und Verfügungsrecht auf den Insolvenzverwalter über, § 80 InsO. Um sich nicht selbst der persönlichen Haftung nach § 60 InsO auszusetzen, muss der Insolvenzverwalter u. a. Schadensersatzansprüche (§§ 280, 823, 826 BGB) geltend machen (Ott u. Vuia 2013, § 80 Rn. 52)[27] sowie Rechtshandlungen aufspüren, die eine erfolgreiche Insolvenzanfechtung nach den §§ 129 ff. InsO versprechen. Der Steuerberater muss deswegen damit rechnen, dass ihn der Insolvenzverwalter einerseits aus dem Steuerberatungsvertrag in die Haftung nimmt und andererseits die Honorarzahlungen der letzten Monate vor Insolvenzantragstellung anficht.

Strafrechtlich mögen im Einzelfall keine (erheblichen) Konsequenzen drohen. Gleichwohl sieht sich der Steuerberater immer der Gefahr ausgesetzt, dass gegen ihn Schadensersatzansprüche nach § 823 Abs. 2 BGB i. V. m. einem Schutzgesetz (vgl. Weyand u. Diversy 2013, Rn. 169) geltend gemacht werden.

---

[25] So auch Nickert 2008, S. 65, in Fällen beträchtlicher Haftungsrisiken.

[26] Vom „Prinzip Hoffnung" spricht wörtlich auch das OLG Köln v. 17.12.2009 – 8 U 27/09, DStR 2011, 47 = GI 2011, 175.

[27] Schadensersatzansprüche gegen Amtsvorgänger des Insolvenzverwalters nach § 61 InsO gehören aber nicht dazu, da sie nicht auf die Anreicherung der Masse abzielen: BGH v. 9.8.2006 – IX ZB 200/05, NZI 2006, 580 = ZInsO 2006, 936 = WM 2006, 1817.

Hier kommen vor allem Buchführungs- und Bilanzdelikte in Betracht. Die Buchführungs- und Bilanzierungspflichten treffen zwar primär den Kaufmann i. S. d. HGB bzw. das Organ einer juristischen Person. Sie können diese handelsrechtlichen Pflichten aber delegieren, z. B. auf einen Steuerberater, der diese Aufgaben dann in **eigener Verantwortung** wahrnimmt.

Der Steuerberater muss daher insbesondere bei Krisenmandanten unbedingt darauf achten, dass

- die Buchführung den Grundsätzen ordnungsmäßiger Buchführung entspricht (Ganz u. Geyer 2004, § 28 Rn. 9)[28],
- die Buchführung zeitnah erstellt wird; lediglich Buchführungsrückstände von 2 Wochen (im Einzelfall bis 6 Wochen) werden unter den Einsatzmöglichkeiten von EDV toleriert (Weyand u. Diversy 2013, Rn. 85 ff.).

Ist der Steuerberater mit der Bilanz- bzw. Jahresabschlusserstellung beauftragt, drohen ihm vor allem bei Überschreitungen der Bilanzierungsfristen haftungsrechtliche Konsequenzen.

Einige Steuerberater übersehen, dass die handelsrechtlichen, in § 264 HGB normierten Bilanzierungsfristen nicht verlängert werden können. Der Steuerberater hat die Bilanzerstellung bei wirtschaftlich schwierigen Mandanten sogar vorzuziehen, da anderenfalls über § 14 Abs. 2 Nr. 2 StGB eine Strafbarkeit nach § 283b StGB – Verletzung der Buchführungspflicht – droht (Ganz u. Geyer 2004, § 28 Rn. 6; Nickert 2008, S. 32).

Unerheblich ist insoweit die Fristverlängerungspraxis der Finanzämter (Goez 2010, S. 144) sowie die Frage, ob der Steuerberater aus Kapazitätsgründen überhaupt in der Lage ist, innerhalb der Maximalfrist von sechs Monaten nach Ende des Geschäftsjahres alle handelsrechtlich gebotenen Jahresabschlüsse der von ihm betreuten Mandanten zu erstellen.

Selbst wenn der Mandant mit der Beibringung der für die Erstellung des Jahresabschlusses notwendigen Unterlagen säumig ist, kann sich der Steuerberater seiner Verantwortung nur ganz sicher entziehen, wenn er das Mandat niederlegt. Bis zur Mandatsniederlegung bleibt er für die Erstellung von Buchhaltung und Bilanz verantwortlich (Weyand u. Diversy 2010, Rn. 170).

▶ **Praxishinweis** Nicht nur in der Unternehmenskrise äußern Mandanten insbesondere gegenüber dem Steuerberater den Wunsch, Jahresabschlüsse oder die Buchführung zu „schönen", d. h. die Vermögenslage besser darzustellen, als

---

[28] Bei Mängeln von Buchhaltungsarbeiten und Jahresabschlüssen ist dem Steuerberater Gelegenheit zur Nachbesserung zu geben: BGH v. 7.3.2002 – III ZR 12/01, BB 2002, 750 = NJW 2002, 1571 = ZInsO 2002, 429; OLG Koblenz v. 18.03.2003 – 3 U 1027/02; aber **kein Nachbesserungsrecht** bei gekündigtem Mandat: BGH v. 11.5.2006 – IX ZR 63/05, ZIP 2006, 2320 m. Anm. Mutschler, DStR 2006, S. 1248.

sie tatsächlich ist, indem Bewertungswahlrechte deutlich überspannt werden oder Betriebsausgaben geltend gemacht werden, die keine sind. Ob Krisenmandat oder (noch) nicht: Kommt der Steuerberater dem nach, drohen wegen Schlechtleistung/Pflichtverletzung zivilrechtliche Schadensersatzansprüche[29] und **parallel** die Strafverfolgung als Delegationsempfänger nach § 14 Abs. 2 Nr. 2 StGB[30] oder die Verfolgung wegen Beihilfe[31] nach § 27 StGB.

Möglicherweise treten die strafrechtlichen Konsequenzen gegenüber zivilrechtlichen Schadenersatzansprüchen in den Hintergrund. In jedem Fall ist der Versicherungsschutz und damit die berufliche Zukunft gefährdet. Zudem kann sich die Lebensqualität des Beraters deutlich vermindern, weil zivil- und/oder strafrechtliche Gerichtsverfahren kosten- und zeitintensiv sind.

1.7 Krisentypen

Unternehmen können aufgrund verschiedenster Ursachen in die Krise geraten. Nachfolgend sind verschiedene Krisentypen (nach Brete u. Thomsen 2008, S. 4159 ff.) dargestellt, um anhand dieser zu verdeutlichen, in welcher konkreten Krisensituation sich ein Unternehmen befinden kann.

Krisentyp 1
ist ein Unternehmen auf brechenden Stützpfeilern. Es ist durch massiven Umsatzeinbruch gekennzeichnet. Dies kann z. B. ein nur oder vorwiegend regional tätiges Bau-, Handwerks- oder Speditionsunternehmen sein, welches überwiegend von öffentlichen Aufträgen lebt. Bleiben diese aufgrund der angespannten Finanzlage der Kommunen aus, führt dies unweigerlich zu massiven Umsatzeinbrüchen.

Krisentyp 2
ist ein Unternehmen, welches unvorbereitet expandiert. Dies führt meist zu starkem Rentabilitätsverfall, häufig verbunden mit Fehlinvestitionen. Als Beispiel sei hier eine regional tätige Druckerei genannt, die eine zwar hochwertige, aber auch sehr teure Druckmaschine auf Kredit erwirbt. Um die Kreditraten bezahlen, also den notwendigen Kapitaldienst erbringen zu können, müsste die Druckerei ihre Tätigkeit auf den überregionalen Sektor ausweiten, was aber schon aufgrund der bereits vorhandenen, auch größeren Druckereien zu am Markt durchsetzbaren Preisen nicht durchführbar ist.

---

[29] Ausführlich zur zivilrechtlichen Haftung des Steuerberaters Bauerhaus u. Kräger 2007, S. 597; siehe auch die Rechtsprechungsübersicht zu Schadensersatzansprüchen bei Dienstverträgen bei Teumer 2009, S. 333.

[30] Siehe zur Strafbarkeit als Beauftragter Schünemann 2007, § 14 Rn. 62; Weyand u. Diversy 2013, Rn. 207 f.

[31] Ausführlich zur Beihilfeproblematik Froehner 2011, S. 1617; siehe auch Leibner 2002, S. 1021.

Krisentyp 3
ist das patriarchisch geführte Unternehmen. Dieses kann sich oftmals aufgrund mangelnder Planungs- u. Kontrollsysteme nicht an veränderte Marktbedingungen anpassen.

Krisentyp 4
ist das abhängige, einseitig am Markt ausgerichtete Unternehmen. Es wird hier nur ein einziges Produkt am Markt angeboten. Lässt die Nachfrage, warum auch immer, nach, führt dies dann natürlich zu erheblichen Umsatzeinbrüchen. Stellvertretend sei hier nur die Firma Intershop genannt, die als einziges Unternehmensprodukt eine Set-Top-Box angeboten hatte, für die es aber keine entsprechende Nachfrage gab.

Krisentyp 5
ist ein Unternehmen mit unkorrekten Mitarbeitern. Es ist gekennzeichnet durch geschäftsschädigendes Verhalten des Personals, also der berühmte Griff in die Kasse. Zumeist wird es sich hierbei um Unternehmen mit einer Vielzahl von Filialen handeln, wie Bäckereien oder Bekleidungsgeschäfte. Die jeweils vor Ort tätigen Mitarbeiter sehen sich hier nur einer sporadischen Kontrolle durch die Geschäftsleitung ausgesetzt, was den Griff in die Kasse erleichtert. Fehlen hier Kontrollsysteme hinsichtlich der Abrechnung, so fällt der Griff in die Kasse möglicherweise erst nach Monaten auf. Bis dahin können bereits beachtliche Summen unterschlagen worden sein. Gleichzeitig ist ein unmotiviertes Auftreten gegenüber dem Kunden genauso geschäftsschädigend, da diese dann in Zukunft den Weg zur Konkurrenz suchen. Probates (Gegen-)Mittel sind hier Testeinkäufer, die allerdings auch dann eingesetzt werden sollten, wenn das Unternehmen nicht in einer Krise steckt, da es dann zu derartigen Problemen gar nicht erst kommen wird.

Krisentyp 6
ist ein Unternehmen mit Führungsproblemen. Es ist durch eine schwache Führung gekennzeichnet, also der sprichwörtliche Chef auf dem Golfplatz. Zwar werden dort, wie es oftmals heißt, die besten Geschäfte gemacht. Doch ersetzt dies keinesfalls die Anwesenheit im Unternehmen selbst.

Krisentyp 7
schließlich ist ein Unternehmen mit mangelnder Unternehmerqualifikation. Charakteristisch ist hierbei ein betriebswirtschaftlich nicht oder nur ungenügend ausgebildetes Management. Der klassische Fall dürfte hier der Sohn des Unternehmers sein, der nach zwei Semestern BWL-Studium als Geschäftsführer eingestellt wird bzw. der unter diesen Voraussetzungen die Unternehmensnachfolge angetreten hat.

▶ **Praxishinweis** Die vorbeschriebenen Krisentypen sind keine abschließende Aufzählung. Je nach Einzelfall kann es natürlich vorkommen, dass Merkmale mehrerer Krisentypen gleichzeitig auftreten. Die Einteilung dient aber in jedem Fall als Anhaltspunkt, damit sich der Steuerberater vor oder während der Sanierung ein Bild über das Unternehmen und dessen prinzipieller Probleme verschaffen und dementsprechend geeignete (Gegen-)Maßnahmen ergreifen kann.

Literatur

Bauerhaus, Ralf, und Kröger, Benedikt. 2007. Die Zivilrechtliche Haftung des steuerlichen Beraters. *Versicherungsrecht* 597.
Borgmann, Brigitte, Antje Jungk, und Holger Grams. 2014. *Anwaltshaftung*. 5. Aufl. § 13 Rn. 73 ff. München: Beck.
Brete, Raik, und Michael Thomsen. 2008. Die Auffanggesellschaft. *Neue Juristische Online-Zeitschrift* 4159 ff.
Cremer, Udo. 2009. Das Berufsrecht des Steuerberaters. *Steuer und Studium* 219.
Crone, Andreas, und Henning Werner. 2014. *Handbuch moderneres Sanierungsmanagement*. 4. Aufl., 1 ff. München: Franz Vahlen.
Ellenberger, Jürgen. 2014. *Palandt. Bürgerliches Gesetzbuch*. 74. Aufl. § 121 Rn. 3. München: Beck.
Elster-Erklärung: Steuerberater haftet. 21.8.2013. *Focus-Money* 35.
Fischer, Thomas. 2015. *Strafgesetzbuch und Nebengesetze*. 62. Aufl. § 356 Rn. 2. München: Beck.
Frege, Michael C. 2006. Grundlagen und Grenzen der Sanierungsberatung. *Neue Zeitschrift für das Recht der Insolvenz und Sanierung* 545 ff.
Froehner, Jan. 2011. Deliktische Haftung für die Beihilfe zur Insolvenzverschleppung gegenüber dem Neugläubiger. *Zeitschrift für das gesamte Insolvenzrecht* 1617.
Ganz, Anett, und Heike Geyer. 2004. In *Insolvenzstrafrecht,* Hrsg. Folker Bittmann, § 28 Rn. 6, 9, 88. Berlin: De Gruyter.
Gehre, Horst, und Günter Koslowski. 2015. *Steuerberatungsgesetz*. 7. Aufl. § 33 Rn. 11, 18, § 57 Rn. 49, § 67 Rn. 8. München: Beck.
Geißler, Markus. 2011. Verhaltensmaßnahmen und Rechtspflichten des Geschäftsführers in der Krise der GmbH. *Deutsche Zeitschrift für Wirtschafts- und Insolvenzrecht* 309.
GI service. 2008. Nr. 6, November 2008.
Goez, Christoph. 2010. *Zivilrechtliche Haftung und strafrechtliche Risiken des Steuerberaters*. 99 ff., 144. Berlin: Schmidt.
Gounalakis, Georgios. 1998. Haftung des Steuerberaters – Gefahrenanalyse und Risikobegrenzung. *Neue Juristische Wochenschrift* 3593.
Hässel, Günter, und Kurt Hengsberger. 2009. Katalog von Rechtsdienstleistungen für den Steuerberater. *Betriebs-Berater* 135.
Henssler, Martin. 1994. Das anwaltliche Berufsgeheimnis. *Neue Juristische Wochenschrift* 1817.
Hirtz, Bernd. 2008. In *Rechtsdienstleistungsgesetz,* Hrsg. Barbara Grunewald und Volker Römermann, § 2 Rn. 91, § 5 Rn. 121 ff., 153 ff., 160 ff., 176 ff., 194 ff., 204. Berlin: Schmidt.
Hund, Thomas. 2008. Die Bedeutung des Rechtsdienstleistungsgesetzes für den steuerberatenden Beruf. *Deutsches Steuerrecht* 1208 ff.
Kleine-Cosack, Michael. 2009. *Bundesrechtsanwaltsordnung*. 6. Aufl. § 3 Rn. 2. München: Beck.
Krenzler, Michael. 2010. *Rechtsdienstleistungsgesetz*. § 5 Rn. 93. Baden-Baden: Nomos.
Kruth, Claus-Peter. 2014. Steuerliche Beratung in der Unternehmenskrise – Ein haftungsträchtiges Umfeld. *Steuerrecht kurzgefaßt* 225.
Lappas, Marc. 2008. *Die angemessene Steuerberaterhaftung*.1 f. Dissertation.
Leckner, Eisele. 2014. In *Strafgesetzbuch,* Hrsg. Schönke, Schröder, § 203 Rn. 6. 29. Aufl. München: Beck.

Leibner, Wolfgang. 2002. Strafrechtliche Risiken in der insolvenzrechtlichen Beratung. *Zeitschrift für das gesamte Insolvenzrecht* 1021.

Minoggio, Ingo. 2009. Firmenanwalt und Strafverteidiger – Zwei Seiten einer wertvollen Beratungsmedaille? *Zeitschrift für Anwaltspraxis* 859 ff. (Fach 23, Nr. 13 v. 24.06.2009).

Moormann, Barbara. 2011. Wenn Steuerberater teure Fehler machen. *Handelsblatt*: 11.08.2011.

Nickert, Cornelius. 2008. *Die Haftung des Steuerberaters*, 32, 56 ff., 65. Wiesbaden: Gabler.

Offermann-Burckart, Susanne. 2007. Interessenlage und Interessenwiderstreit in erbrechtlichen Mandaten. *Zeitschrift für Erbrecht und Vermögensnachfolge* 151.

Ott, Claus, und Mihai Vuia. 2013. *Münchener Kommentar zur Insolvenzordnung*, 3. Aufl. § 80 Rn. 52. München: Beck.

Pauli, Marcus, und Christoph Albrecht. 2014. Die Erfüllung gesetzlicher Risikomanagement-Anforderungen mit Hilfe von Risikomanagement-Informationssystemen. *Corporate Compliance Zeitschrift* 17.

Pestke, Axel. 2009. Haftung des Steuerberaters für telefonische Auskünfte. *Steuerberatungsgesetz* 189.

Schaaf, Joachim. 2012. Die mögliche strafrechtliche Verantwortlichkeit des steuerlichen Beraters. *Der AO-Steuer-Berater* 349.

Scheffler, Wolfram, und Peter-Christian Beigel. 2000. Der Steuerberater als Insolvenzberater. *Deutsches Steuerrecht* 1277 ff.

Schmittmann, Jens M. 2008. Vorsicht Falle: Haftung des Steuerberaters der Schuldnerin für den Erstattungsanspruch gegen den Geschäftsführer aus § 64 Abs. 2 GmbHG. *Zeitschrift für das gesamte Insolvenzrecht* 1170 ff.

Schmittmann, Jens M. 2011. Überlegungen zur Haftung des Sanierungsberaters. *Zeitschrift für das gesamte Insolvenzrecht* 545.

Schünemann, Bernd. 2007. *Leipziger Kommentar zum Strafgesetzbuch*. 12. Aufl. § 14 Rn. 62. Berlin: De Gruyter.

Spliedt, Jürgen D. 2008. In *Anwaltshandbuch Insolvenzrecht,* Hrsg. Hans P. Runkel, Michael Dahl, Vera Drees, Achim Frank, 2. Aufl. § 1 Rn. 2, 30. Berlin: Schmidt.

Teumer, Jörg. 2009. Der Vergütungsanspruch als Schaden bei der Schlechterfüllung von Dienstverträgen. *Versicherungsrecht* 333.

Waschk, Michael. 2006. Wirksame Haftungsbegrenzung in Steuerberatungsverträgen. *Deutsches Steuerrecht* 817.

Weyand, Raimund, und Judith Diversy. 2013. *Insolvenzdelikte*. 9. Aufl. Rn. 85, 169, 170. Berlin: Schmidt.

Verhältnis von Berater und Mandant in der Unternehmenskrise 2

Für den Berater ist das Risiko, von unzufriedenen Mandanten wegen (vermeintlicher) Verletzung vertraglicher Pflichten (Falschberatung) in Anspruch genommen zu werden, gerade in den letzten Jahren um einiges gestiegen. Die Gründe hierfür sind vielfältig.

„Gefördert" wird diese Tendenz sicherlich zum einen dadurch, dass die Rechtsprechung die Anforderungen an die Sorgfalt der Berufsausübung in den letzten Jahren erheblich angehoben hat (Heuel 2006, S. 242; Waschk 2007, S. 2).

Zum anderen ist die Zahl der vom Berater zu beachtenden Normen beträchtlich gestiegen, oft verbunden mit verfassungsrechtlichen Zweifeln und generellen Verständnis- und Anwendungsschwierigkeiten.

Ausgangspunkt für die Beratungstätigkeit des Steuerberaters ist der bereits angesprochene **§ 33 StBerG**, der folgendes normiert:

> Steuerberater, Steuerbevollmächtigte und Steuerberatungsgesellschaften haben die Aufgabe, im Rahmen ihres Auftrags ihre Auftraggeber in Steuersachen zu beraten, sie zu vertreten und ihnen bei der Bearbeitung ihrer Steuerangelegenheiten und bei der Erfüllung ihrer steuerlichen Pflichten Hilfe zu leisten. Dazu gehören auch die Hilfeleistungen in Steuerstrafsachen und in Bußgeldsachen wegen einer Steuerordnungswidrigkeit sowie die Hilfeleistung bei der Erfüllung von Buchführungspflichten, die auf Grund von Steuergesetzen bestehen, insbesondere die Aufstellung von Steuerbilanzen und deren steuerliche Beurteilung.

Hierzu hat die Rechtsprechung die Anforderungen an die Steuerberatungstätigkeit in vielen Entscheidungen konkretisiert, grundlegend (und immer wieder zitiert) in der Entscheidung des BGH vom 12.02.2004[1]:

---

[1] BGH v. 12.2.2004 – IX ZR 246/02, NJW-RR 2004, 1358 = WM 2004, 2034 = VersR 2006, 553; in diesem Sinne auch BGH v. 23.1.2003 – IX ZR 180/01, WM 2003, 936; BGH v. 18.12.1997 – IX ZR 153/96, WM 1998, 301; ergänzend s. a. BGH v. 11.5.1995 – IX ZR 140/94; BGHZ 129, 386 = NJW 1995, 2108.

Im Rahmen seines Auftrags hat der Steuerberater seinen Mandanten, von dessen Belehrungsbedürftigkeit er grundsätzlich auszugehen hat, umfassend zu beraten und ungefragt über alle bedeutsamen steuerlichen Einzelheiten und deren Folgen zu unterrichten. Insbesondere muss der Steuerberater seinen Auftraggeber möglichst vor Schaden bewahren, deshalb muss er den nach den Umständen sichersten Weg zu dem erstrebten steuerlichen Ziel aufzeigen und sachgerechte Vorschläge zu dessen Verwirklichung unterbreiten.

Konsequenz aus den Entscheidungen der Rechtsprechung ist, dass gewisse **Kardinalpflichten** bestehen, die stets zu beachten sind, um eine Haftungsinanspruchnahme nach Möglichkeit zu vermeiden; komplett vermeiden lässt sich eine Inanspruchnahme – sei es durch den Mandanten oder durch Dritte – sicherlich nicht.

Ebenso wie den Steuerberater treffen auch den Rechtsanwalt hohe Anforderungen an seine Tätigkeit, die durch die Rechtsprechung des BGH bereits konkretisiert wurden: so ist der Rechtsanwalt verpflichtet, die Interessen des Mandanten umfassend und in alle Richtungen wahrzunehmen und den Mandanten vor Nachteilen zu bewahren[2]. Zudem muss der Rechtsanwalt die Erfolgsaussichten umfassend prüfen und den Mandant hierüber belehren und dem Mandanten hierzu den sichersten und gefahrlosesten Weg vorschlagen, damit der Mandant zu einer sachgerechten Entscheidung in der Lage ist[3].

2.1 Kardinalpflichten der (steuerlichen) Beratung

Kardinalpflichten der (steuerlichen) Beratung[4] sind (Waschk 2007, S. 9 ff.; Gilgan 2015, S. 1337):

- Sachverhaltsaufklärung[5] (Gehre u. Koslowski 2015, § 33 Rn. 27)
- Prüfung der Rechtslage[6]
- umfassende Beratung und Vertretung des Mandanten in tatsächlicher und rechtlicher Hinsicht[7]
- Schadensverhütung[8]

Doch auch bei Beachtung dieser Kardinalspflichten bleibt die Tätigkeit als Steuer- und Sanierungsberater umfangreich und komplex, fehlergeneigt und haftungsträchtig. Oft

---

[2] BGH v. 11.3.2010 – IX ZR 104/08, NJW 2010, 1357=AnwBl. 2010, 627.

[3] BGH v. 1.3.2007 – IX ZR 261/03, NJW 2007, 2485.

[4] Lesenswert zur Haftungsprävention im Zusammenhang mit den Kardinalpflichten Ehlers 2008, S. 578 u. 636;; siehe auch Zugehör 2010, Sonderbeilage Nr. 1, 2 (10 f.)).

[5] BGH v. 11.5.1999 – IX ZR 298/97, DStRE 1999, 773

[6] OLG Düsseldorf v. 18.8.2006 – 23 U 42/06; zur Prüfung der Rechtslage gehört auch die Ermittlung neuer oder geänderter Gesetzesnormen: BGH v. 23.3.2006 – IX ZR 140/03, WM 2006, 1304.

[7] Siehe hierzu OLG Düsseldorf v. 11.12.2002 – I 18 U 248/01 u. KG Berlin v. 31.7.2001 – 13 U 4954/00, GI 2003, 94.

[8] BGH v. 11.5.1995 – IX ZR 140/94, GI 1995, 169.

sind die Beratungsleistungen in kurzer Zeit und unter hohem zeitlichem und psychischem Druck zu erbringen. Die für die Beratung erforderlichen Unterlagen, Informationen, betriebswirtschaftlichen und sonstigen Daten sind häufig unvollständig, fehlerhaft oder schlicht falsch. Zusätzlich ändert sich die wirtschaftliche und tatsächliche Lage des Krisenunternehmens ständig.

Die Herausforderung für den Berater besteht daher im Wesentlichen darin, in diesem sich ständig „in Bewegung befindlichen" Umfeld den Überblick zu behalten und zugleich die richtigen Entscheidungen zu treffen, unter Beachtung der Vielzahl an gesetzlichen Anforderungen, um letztlich erfolgreich tätig zu sein.

2.2 Leistungsanforderungen an den Berater als Sanierungsberater

Trotz der zuvor angesprochenen Schwierigkeiten, die den Berater im Krisenmandat erwarten, muss die Beratungsleistung betriebswirtschaftlichen und rechtlichen Mindeststandards entsprechen. Zwar ist der Wert einer Beratungsleistung vor allem für den Mandanten nur schwer zu bemessen. Jedoch muss die Prüfung bzw. Beratung des Krisenunternehmens fundierte betriebswirtschaftliche Kenntnisse erkennen lassen und grundlegende Maßnahmen für ein nötiges Sanierungskonzept enthalten. Eine Beratung muss demnach insbesondere fundierte Kenntnisse vor allem im Gesellschafts-, Arbeits-, Insolvenz- und Steuerrecht aufweisen (Uhlenbruck 2005, S. 74).

Nach einer Entscheidung des OLG Celle vom 23.10.2003[9] müssen folgende **betriebswirtschaftliche Mindeststandards** eingehalten werden:

- Analyse und Beschreibung des Unternehmens, d. h.
  - Lagebeurteilung
  - Krisenbeurteilung
  - Schwachstellenanalyse
  - Stärken und Schwächen des Unternehmens
  - Profil des Unternehmens
- Maßnahmen der Sanierung des Unternehmens
  - Sicherung der Liquidität
  - Entwicklung von Sanierungsstrategien
- Vermögensstatus/Aufstellung einer Bilanz
- Verbindlichkeitsstatus
- Finanzstatus und entsprechender Finanzplan
- Gewinn- und Verlustrechnung

---

[9] OLG Celle v. 23.10.2003 – 16 U 199/02, NJW 2003, 3638 = DB 2004, 133; siehe zu den Anforderungen an ein Sanierungskonzept auch OLG Köln v. 24.9.2009 – 18 U 134/05, GmbHR 2010, 251 m. Anm. Blöse u. OLG Frankfurt v. 20.3.2009 – 10 U 148/08.

Hinzu kommen können zudem umfangreiche **Aufklärungs- bzw. Informationspflichten**, wie:

- Sanierungspflicht, § 43 Abs. 1 GmbHG
- Buchführungspflicht, §§ 238 ff. HGB
- Bankrottdelikte, §§ 283 ff. StGB
- Haftung für Sozialabgaben, § 823 Abs. 2 BGB i. V. m. § 266a StGB
- Beachtung von Drittrechten, § 328 BGB
- steuerliche Haftung, § 69 AO
- Einlagenrückgewähr, Eigenkapitalersatz, §§ 30 ff. GmbHG
- Risiken bei Kapitalmaßnahmen, §§ 55 ff. HGB
- Insolvenzanfechtung, §§ 129 ff. InsO
- Masseerhaltungspflicht des Geschäftsführers, § 64 GmbHG
- Insolvenzantragspflicht, § 15a InsO

Der Fall, welcher der vorgenannten Entscheidung des OLG Celle zugrunde lag, kann als gutes Beispiel für die Leistungsanforderungen und die Risiken in Form von Haftung und möglichem Honorarverlust dienen.

Ein insolvenzgefährdetes Unternehmen hatte einen Berater (Unternehmensberatung) beauftragt, eine Betriebsanalyse und eine allumfassende Betriebsreorganisation (Sanierungskonzept) zu erarbeiten. Das Unternehmen erhielt jedoch eine Ausarbeitung, die – nach Sachverständigengutachten im Prozess – lediglich aus Schlagwörtern und Unzulänglichkeiten bestand. Über die Finanzsituation, den Vermögensstatus, Lage- und Krisenbeurteilung, etc. konnte der Ausarbeitung keine praktisch verwertbare Aussage entnommen werden. Erschwerend kam hinzu, dass das Beraterhonorar vollkommen überzogen war.

In einem weiteren Fall hat das OLG Celle Ende 2012 entschieden, dass ein Steuerberater nicht verpflichtet ist, seinen als Geschäftsführer einer GmbH tätigen Mandanten auf das Risiko einer persönlichen Haftung aus § 64 Abs. 2 GmbHG hinzuweisen, wenn der Steuerberater zu einer Zahlung der GmbH an eine andere GmbH zum Ausgleich eines Darlehens rät. Dies selbst dann nicht, wenn der Steuerberater von beiden GmbHs mandatiert ist[10].

Auf den ersten Blick mag die Entscheidung angesichts der ansonsten strengen Rechtsprechung zur Beraterhaftung überraschen. Für die Praxis muss deshalb unbedingt darauf hingewiesen werden, dass es sich um eine Einzelfallentscheidung handelt und ob der BGH das Urteil in einem Revisionsverfahren bestätigt hätte, bleibt offen bzw. darf zumindest bezweifelt werden.

Das OLG Celle (wie auch die Vorinstanz LG Bückeburg) hat die Haftung des Steuerberaters deshalb abgelehnt, weil der Steuerberater nicht habe vorhersehen können, dass über das Vermögen der zahlenden GmbH im Nachhinein ein Insolvenzverfahren eröffnet werden würde. Dies mag in dem Entscheidungsfall so gewesen sein. Die Entscheidung

---

[10] OLG Celle v. 10.10.2012 – 4 U 36/12, GmbHR 2012, 1245.

erscheint indes nicht ohne weiteres auf gleichgelagerte oder ähnliche Fälle übertragbar zu sein.

Im Zusammenhang mit Krisenmandaten ergeben sich für den Berater des weiteren erhöhte Leistungsanforderungen bei der Erstellung von Jahresabschlüssen. Je nach Umfang des Mandats bzw. Auftrags hat der Berater den Jahresabschluss

- mit oder ohne Prüfungshandlungen
- mit oder ohne Plausibilitätsbeurteilung

zu erstellen.

Neben den handels- und steuerlichen Bilanzierungsvorschriften sollten immer auch die **Verlautbarung der Bundessteuerberaterkammer zu den Grundsätzen für die Erstellung von Jahresabschlüssen** herangezogen werden (http://www.bstbk.de).

2.3 Dokumentation

Zu den weiteren Leistungsanforderungen zählt unbedingt auch die **Dokumentation** des Auftrags und der erbrachten Beratungsleistung. Inhalt und Gegenstand des Mandats sollten in einer **schriftlichen Mandatsvereinbarung** (Gehre u. Koslowski 2015, § 33 Rn. 27) dokumentiert werden, die wenigstens folgende Punkte regeln sollte:

- Gegenstand des Auftrags,
- Ziel des Auftrags,
- Zeitraum der Tätigkeit (bis wann müssen welche Ergebnisse geliefert werden),
- Welche Leistungen umfasst der Auftrag und welche nicht.

Eine Pflicht zur Dokumentation besteht grundsätzlich nicht[11]. Gleichwohl sollte die schriftliche Dokumentation von Inhalt und Auftrag allein schon aus Gründen der Beweisvorsorge selbstverständlich sein.

Hervorzuheben ist dieser Punkt gleichwohl, weil gerade in der Krise des Mandanten eine umfassende Dokumentation aus Gründen der Haftung elementar ist. Nur wenn das, was der Berater gemäß der Beauftragung schuldet, hinreichend dokumentiert ist, können Aussagen zum Pflichtenkreis des Beratungsvertrages und dem folgend zu möglichen Pflichtverletzungen getroffen werden.

Bei fehlender oder unzureichender Dokumentation können sich für den Berater Nachteile vor allem in Bezug auf die Darlegungs- und Beweislast ergeben. Nach ständiger Rechtsprechung des BGH trägt zwar derjenige, der eine Aufklärungs- oder Beratungspflichtverletzung behauptet, die Beweislast, sprich der Mandant[12].

---

[11] BGH v. 13.6.2008 – V ZR 114/07, NJW 2008, 2852.
[12] BGH v. 1.10.2002 – III ZR 62/01, NJW 2002, 1115; aktuell OLG Brandenburg v. 15.7.2014 – 6 U 21/13 m. Anm. Meixner u. Schröder, DStR 2014, S. 1940.

Jedoch werden die mit dem Nachweis einer negativen Tatsache verbundenen Schwierigkeiten dadurch ausgeglichen, dass die andere Partei – der Berater – die behauptete Fehlberatung substantiiert bestreiten, d. h. darlegen muss, wie er im Einzelnen beraten bzw. aufgeklärt hat[13].

Demgegenüber ist der Mandant dem Berater gegenüber zu wahrheitsgemäßen Angaben und zur Bereitstellung von Unterlagen verpflichtet.

Grundsätzlich darf der Berater dabei davon ausgehen, dass die Angaben und Unterlagen des Mandanten richtig und zutreffend sind (Nickert 2008, S. 23[14]). Sollten jedoch Zweifel an den Angaben bzw. Unterlagen aufkommen, muss der Berater dem nachgehen und darf diese nicht ohne Rückfragen übernehmen (ebd., S. 23).

Der Berater sollte Zweifelsfragen auch stets dokumentieren, beispielsweise wenn der Mandant mit den Buchführungsunterlagen (Aufwands-)Belege einreicht, deren Berücksichtigung als abzugsfähige Betriebsausgaben zweifelhaft erscheint, typischerweise bei Bewirtungs- oder Fahrtkostenbelegen.

Bei Ablehnung eines Mandates muss der Berater dies gegenüber dem Mandanten unverzüglich erklären, was auch immer schriftlich dokumentiert werden sollte. Für Steuerberater gilt § 63 StBerG, für Rechtsanwälte gilt § 44 BRAO, sonst droht dem Berater eine Haftungsinanspruchnahme[15].

▶ **Praxishinweis** Beratung in der Krise findet oft telefonisch statt, allein aus Zeitgründen, da meist gar nicht die Zeit für umfangreiche Schriftsätze besteht. Der Steuerberater muss in kürzester Zeit Kontakt mit verschiedensten Beteiligten halten bzw. die erforderliche Kommunikation sicher stellen, mit Kreditinstituten, Kunden, Gläubigern, Beratern. Mindestens sollte der Verlauf der Krisen- und Sanierungsberatung durch **Gesprächsprotokolle/Aktenvermerke** belegt werden, die zu Beweiszwecken nach Möglichkeit vom Mandanten auch gegengezeichnet werden sollten.

Des Weiteren können bei hinreichender Dokumentation auch die eigenen Honoraransprüche des Beraters wesentlich einfacher durchgesetzt werden, zumal meist eine Abrechnung auf Stundenhonorarbasis vereinbart wird und dafür ohnehin eine Dokumentation erforderlich ist[16].

---

[13] Vgl. BGH v. 11.10.2007 – IX ZR 105/06, NJW 2008, 371 = MDR 2008, 235 = VersR 2008, 556.
[14] Unter Verweis auf BGH v. 15.1.1985 – VI ZR 65/83, BB 1985, 1941.
[15] Siehe LG Itzehoe v. 30.10.2009 – 9 S 11/09.
[16] Welches Ausmaß ein Honorarprozess über ein Zeithonorar annehmen kann, zeigt eindrucksvoll OLG Frankfurt v. 12.1.2011 – 4 U 3/08, AnwBl. 2011, 300.

2.4 Auftrag

2.4.1 Dauermandat

Typischerweise wird der Steuerberater im Gegensatz zum Rechtsanwalt nicht in Einzel- sondern im Rahmen von sog. **Dauermandaten** tätig[17].

Ob ein Einzel- oder Dauermandat vorliegt, richtet sich primär nach dem Willen der Beteiligten, der sich aus den Vertragsbestimmungen oder aus dem Verhalten der Beteiligten ergibt[18]. Fertigt der Steuerberater neben der Finanzbuchführung und der Lohnabrechnung auch die Jahresabschlüsse und Steuererklärungen, liegt ein Dauermandat vor (Nickert 2008, S. 21).

Typische Tätigkeiten des Steuerberaters im Rahmen eines Dauermandats sind:

- Erstellung monatlicher Lohn- und Gehaltsabrechnungen und Meldungen an Sozialversicherungsträger
- Erstellung der monatlichen Finanzbuchführung und Betriebswirtschaftlicher Auswertungen
- Erstellung und Abgabe von Umsatzsteuer-Voranmeldungen
- Erstellung des handelsrechtlichen Jahresabschlusses und Steuerbilanz
- Erstellung von Jahressteuererklärungen
- Teilnahme an steuerlichen Außenprüfungen sowie Sozialversicherungsprüfungen

Die Art und Weise der Rechnungsstellung ist für die Beurteilung, ob ein Dauermandat vorliegt, nicht ausschlaggebend. Die Abrechnung nach Einzeltätigkeiten steht deshalb der Annahme eines Dauermandats nicht entgegen[19].

Beratung in der Krise gehört nicht primär zum Umfang eines Dauermandats, auch nicht die Pflicht zur ständigen Prüfung der Insolvenzreife (Gräfe 2010, S. 618, 621). Dementsprechend gehören nachfolgende Tätigkeiten nicht zu einem „üblichen" Dauermandat:

- Beratung bei Investitionen, auch Planungsrechnungen wie Umsatz- oder Liquiditätsplanungen
- Beratung bei Unternehmenskauf und -verkauf
- Finanzierungsberatung inkl. Teilnahme an Kreditverhandlungen bei Kreditinstituten
- Beratung zu Vergütung und Altersvorsorge bzw. Pensionsansprüchen von Gesellschaftern und Angestellten
- Beratung im Zusammenhang mit Mitarbeiterbeteiligungsmodellen

Der Steuerberater schuldet regelmäßig – je nach Umfang des Mandats – nur die Erstellung der Lohn- und/oder Finanzbuchführung und/oder des Jahresabschlusses.

---

[17] BGH v. 20.1.1982 – IVa ZR 314/80, NJW 1982, 1285.
[18] Siehe OLG Frankfurt v. 15.8.2008 – 19 U 57/08 zum Dauermandat des Rechtsanwalts.
[19] BGH v. 25.11.1987 – IVa ZR 162/86, WM 1988, 166.

Die **Beweislast** für den Umfang des Mandats trifft allein den Mandanten (Alvermann u. Wollweber 2008, S. 356), d. h. der Mandant muss alle Tatsachen vortragen, aus denen sich die Pflichtverletzung ergibt und der muss diese im Bestreitensfall auch beweisen (können) (Nickert 2008, S. 31).

2.4.2 Insolvenzrechtliche Hinweispflichten

Von der Beratung **in** der Krise – ausdrücklich beauftragte Krisen- bzw. Sanierungsberatung – ist die Beratung **vor** der Krise zu unterscheiden.

Wie im vorherigen Abschnitt angesprochen, ist die originäre Krisenberatung nicht vom Dauermandat umfasst, sondern muss ausdrücklich beauftragt werden. Daher ist für die Erstellung eines Überschuldungsstatus oder einer Fortführungsprognose ein gesonderter Auftrag an den Steuerberater erforderlich[20]. Das Insolvenzrisiko kann nämlich nicht von der GmbH bzw. deren Verantwortlichen – Geschäftsführer und/oder Gesellschafter – auf den Steuerberater verlagert werden. Den Steuerberater treffen die Organpflichten der §§ 43 GmbHG und 15a InsO nicht (Gräfe 2010, S. 618, 621; Ditges 2011, S. 3131 (3132 m.w.N.)).

Gleichwohl sollen den Berater auch bei nicht ausdrücklich beauftragter Krisen- bzw. Sanierungsberatung allgemeine oder anlassbezogene Vertragspflichten zum Hinweis auf die Insolvenzantragspflicht bzw. das Vorliegen von Insolvenzantragsgründen treffen (können), (Ditges 2011, S. 3131 ff.; Gräfe 2010, S. 618 ff.; Kaiser u. Oetjen 2011, S. 2488).

Wann konkret und in welchem Umfang die Hinweispflicht greift, war länger umstritten.

So hat das OLG Celle in einer Entscheidung vom 6.4.2011[21] die Hinweispflicht auf die Insolvenzantragspflicht verneint, wenn der Steuerberater lediglich mit der Erstellung der Bilanzen, der Gewinn- und Verlustrechnung sowie den Steuererklärungen betraut ist. Ausdrücklich offen gelassen hat das OLG indes, ob eine Hinweispflicht bei einem umfassenden Steuermandat besteht.

Hingegen nahmen das LG Wuppertal vom 6.7.2011[22] und das OLG Köln vom 17.12.2009[23] eine Hinweispflicht des Steuerberaters auf eine Überschuldung oder Zahlungsunfähigkeit und eine sich daraus ergebende Insolvenzantragspflicht an, wenn der Steuerberater die laufende Buchführung erledigt und die Jahresabschlüsse erstellt.

---

[20] OLG Schleswig v. 2.9.2011 – 17 U 14/09 m. Anm. Wagner, EWiR 2012, S. 11, Rev. mittlerweile entschieden durch BGH v. 14.6.2012 – IX ZR 145/11, GmbHR 2014, 1009.

[21] OLG Celle v. 6.4.2011 – 3 U 190/10, ZInsO 2011, 1004 m. Anm. Hoth, ZInsO 2011, S. 1009; siehe auch OLG Schleswig v. 28.5.1993 – 10 U 13/92, GI 1993, 373, wonach der Steuerberater grundsätzlich nur zur steuerlichen Beratung verpflichtet sei und der Hinweis auf eine Überschuldung außerhalb dieses Bereiches liege.

[22] LG Wuppertal v. 6.7.2011 – 3 O 359/10.

[23] OLG Köln v. 17.12.2009 – 8 U 27/09, DStR 2011, 47 = GI 2011, 175.

2.4 Auftrag

Weite Teile der Literatur vertraten ebenfalls die Auffassung, dass der Steuerberater gemäß dem Gebot der umfassenden Beratung gegenüber dem Mandanten die Nebenpflicht habe, auf eingetretene Insolvenzantragsgründe hinzuweisen (Ehlers 2008, S. 211 f., 2007, S. 3461 ff.; Hölzle 2003, S. 2075; Nickert 2008, S. 35; Schmittmann 2008, S. 1170 ff.; Wagner u. Zabel 2008, S. 660 ff.; Pestke 2009, S. 512 ff.).

Problematisch oder jedenfalls zweifelhaft erscheint diese Meinung vor allem deshalb, weil eine bilanzielle Überschuldung keinesfalls auch eine insolvenzrechtliche Überschuldung – oder Zahlungsunfähigkeit – impliziert, sondern allenfalls ein Indiz darstellt (i. d. S. Ditges 2011, S. 3131 ff.).

Zudem würde eine Hinweispflicht auf das Vorliegen von Insolvenzantragsgründen für den Steuerberater kein Recht auf insolvenzrechtliche Beratung begründen können, da dies originäre Rechtsberatung ist (Hölzle 2003, S. 2075 f.), die dem Steuerberater wie oben unter Abschn. 1.3 aufgezeigt, nicht erlaubt ist.

Der BGH hat sich mittlerweile in mehreren Entscheidungen aus 2011/2012 und 2013/2014 zur Frage der Steuerberaterhaftung für Insolvenzverschleppungsschäden nach den Grundsätzen des Vertrags mit Schutzwirkung zugunsten Dritter – nämlich des Geschäftsführers einer GmbH – geäußert.

Hiernach steht nun fest, dass der Geschäftsführer einer GmbH in den Schutzbereich des (Steuer-)Beratungsvertrages mit der GmbH einbezogen ist und den (Steuer-)Berater eine Aufklärungs- bzw. Hinweispflicht zur (möglichen) Insolvenzreife treffen kann[24].

Zu Anlass und Umfang der Hinweis- und Aufklärungspflicht wird auf die Darstellung unten in Abschn. 7.7.4 verwiesen.

Ist dem Geschäftsführer die prekäre finanzielle Situation der Gesellschaft bekannt, soll den Steuerberater keine Belehrungspflicht und damit auch keine Haftung treffen (Pestke 2009, S. 512 f.).

Anderenfalls muss der Steuerberater von einer Beratungs- bzw. Belehrungsbedürftigkeit des Mandanten – Geschäftsführer – ausgehen und entsprechend beraten und belehren, um einer Haftung zu entgegen (Pestke 2011, S. 512[25]).

Dies auch vor dem Hintergrund, dass der Steuerberater den Mandanten bzw. das Unternehmen meist über Jahre begleitet, so dass ihm dessen Entwicklung und insbesondere „Zahlen und Daten" bekannt sind.

Deshalb sollte der Steuerberater den Mandanten zur Vermeidung bzw. Minimierung der eigenen Haftung bei Anzeichen negativer Entwicklung – vor allem bei starken Umsatzrückgängen oder stark angestiegenen Kosten – auf diese aufmerksam machen und dies nach Möglichkeit auch schriftlich fixieren, wenigstens durch einen Aktenvermerk.

---

[24] BGH v. 6.2.2014 – IX ZR 53/13, GmbHR 2014, 375 = NZI 2014, 308; BGH v. 7.3.2013 – IX ZR 64/12, NZI 2013, 438 = ZWH 2013, 467; BGH v. 6.6.2013 – IX ZR 204/12, NJW 2013, 2345 = ZWH 2013, 500.

[25] Auch zu LG Koblenz v. 22.7. 2009 – 15 O 397/08, DStRE 2010, 647 = Stbg 2009, 512; siehe auch BGH v. 24.2.1994 – IX ZR 126/93.

Besondere Beachtung verdient die Entscheidung des LG Stuttgart vom 16.7.2010 – Kammer für Steuerberater- und Steuerbevollmächtigtensachen[26]: Der angeschuldigte Steuerberater wurde wegen Berufspflichtverletzung nach § 57 StBerG mit einem Verweis belegt, verbunden mit einer Geldbuße von 3500 €. Es gehöre zu den Berufspflichten eines gewissenhaften Steuerberaters, so das LG, den Mandanten auf die Notwendigkeit der Insolvenzantragstellung bei Eintritt der Voraussetzungen hinzuweisen.

Unterlässt der Steuerberater den Hinweis, stellt dies – neben möglicher strafrechtlicher Ahndung wegen Beihilfe zur Insolvenzverschleppung – eine Berufspflichtverletzung nach § 57 Abs. 1 StBerG dar.

▶ **Praxishinweis** Auch wenn nun höchstrichterliche Entscheidungen des BGH zu den Hinweispflichten des (Steuer-)Beraters zum Vorliegen einer Insolvenzreife vorliegen, sollte der Steuerberater immer auf die Hinzuziehung eines mit insolvenzrechtlichen Kenntnissen ausgestatteten Rechtsanwaltes hinwirken, auch im Hinblick auf mögliche unerlaubte Rechtsberatung (Ditges 2011, S. 3131 ff.; Gräfe 2010, S. 618, 621 ff.). Dies auch angesichts der Entscheidung des BGH vom 21.7.2005[27], wonach sich der Steuerberater darauf verlassen darf, dass der Mandant durch den Spezialisten sachkundig beraten wird und er muss den Spezialisten auch nicht überwachen.

Zudem bringt der hinzugezogene Spezialist die nötige Distanz zum Mandanten mit, die dem Steuerberater ggf. durch das Dauermandat und die mit diesem entstandene (persönliche) Nähe hin und wieder fehlt. Aus der fehlenden Distanz kann sich schnell eine gut gemeinte Hilfsbereitschaft ergeben, die sich in der Folge zu einem Risiko für den Berater entwickeln kann (Ehlers 2009, S. 1194).

2.5 Compliance im Umfeld mittelständischer Unternehmen – Ansatzpunkte für dolose Handlungen

Compliance – die Einhaltung bzw. Befolgung von Gesetzen, Verordnungen und Richtlinien[28] – im Umfeld mittelständischer Unternehmen ist für die Vermeidung von Krisen und Haftungsrisiken von entscheidender Bedeutung (Scherer u. Fruth 2009, S. 10 ff.; Passarge 2009, S. 86).

Um als Berater die Beteiligten im Unternehmen umfassend und ausführlich beraten und aufklären zu können, muss er die gesetzlichen Vorschriften zunächst einmal selbst kennen, welche für ihn und/oder die einzelnen Beteiligten relevant sind[29].

---

[26] LG Stuttgart v. 16.7.2010 – 14 StL 3/10, DStR 2011, 288 = GI 2011, 158.
[27] BGH v. 21.7.2005 – IX ZR 6/02, NJW-RR 2005, 1511.
[28] Zur Begriffsdefinition „Compliance" siehe Streck 2010, S. 1 ff.); zu Tax Compliance Burkhard 2015, S. 111.
[29] So auch Hölzle 2003, S. 2075, konkret für die Kenntnis der Insolvenzantragsgründe.

2.5 Compliance im Umfeld mittelständischer Unternehmen

Zu unterscheiden ist zwischen **zivilrechtlicher** und **strafrechtlicher Haftung**.

- Zivilrechtlich wird die Frage nach möglichen Ansprüchen von Geschädigten auf Entschädigung oder Schadensersatz geklärt.
- Im Gegensatz dazu wird im Strafrecht das unrechtmäßige Verhalten mit Geld- oder Freiheitsstrafe durch den Staat sanktioniert.

Voraussetzung beider Haftungsebenen ist jeweils eine schuldhafte Pflichtverletzung.

Verstößt die Unternehmensleitung – Geschäftsführer – schuldhaft gegen ihre betriebsbezogenen Pflichten – Organisations-, Verkehrssicherungs-, Informations-, Überwachungs- und Aufsichtspflicht – trägt sie die zivilrechtliche Verantwortung und macht sich ggf. schadensersatzpflichtig, unter Umständen auch durch Haftung mit dem Privatvermögen (vgl. Scherer u. Fruth 2009, S. 3).

Zivilrechtlich kommen vor allem deliktische Schadensersatzansprüche nach § 823 Abs. 2 BGB i. V. m. einem Schutzgesetz in Betracht. Schutzgesetze i. S. d. § 823 Abs. 2 BGB sind insbesondere die §§ 64 GmbHG, 15a InsO, § 43 WPO, §§ 263, 265b, 266, 266a StGB, § 5 RDG[30].

Des Weiteren bestehen auch handels- und gesellschaftsrechtliche Verpflichtungen, wie die Pflicht zur Führung von Büchern, Bilanzierungspflicht, etc., die nach den §§ 331 ff. HGB (Buß- und Strafvorschriften) bei Nichtbeachtung sanktioniert werden.

Neben den umfangreichen zivilrechtlichen Haftungsrisiken – auf die noch näher eingegangen wird – bestehen strafrechtliche Risiken, die nachfolgend im Überblick dargestellt werden.

2.5.1 Insolvenzstraftaten

Die GmbH selbst kann als juristische Person strafrechtlich nicht belangt werden, da nur natürliche Personen straffällig werden können und juristische Personen nicht deliktsfähig sind. Allerdings werden über § 14 Abs. 1 Nr. 1 StGB persönliche Strafbarkeitsmerkmale der juristischen Person dem Geschäftsführer zugerechnet (Fischer 2015, § 14 Rn. 1b).

▶ **Praxishinweis** Die meisten Straftatbestände sind Schutzgesetze i. S. d. § 823 Abs. 2 BGB, was zur Folge hat, dass der Geschäftsführer strafrechtlich **und** zivilrechtlich zu Schadensersatz verurteilt werden kann[31].

Bevor auf die einzelnen Insolvenzstraftaten eingegangen wird, soll ein kurzer Überblick über die für den Geschäftsführer relevanten drei Gruppen von Straftatbeständen gegeben werden.

---

[30] Weitere Schutzgesetze bei Sprau 2015, § 823 Rn. 61 ff.
[31] Ausführlich zu den einschlägigen Schutzgesetzen Bank 2010, § 10 Rn. 39.

Gruppe 1
Allgemeine Straftatbestände. Dies sind Straftatbestände, die sich an die Allgemeinheit – und dementsprechend auch an den Geschäftsführer – richten. Dazu gehören u. a. Diebstahl (§ 242 StGB), Unterschlagung (§ 246 StGB), Betrug (263 StGB), Untreue (§ 266 StGB).

Gruppe 2
Straftatbestände, die sich an die GmbH als Unternehmerin richten, wobei jedoch gem. § 14 StGB den Geschäftsführer die strafrechtliche Verantwortlichkeit trifft, z. B. wegen Vorenthaltung von Sozialversicherungsbeiträgen (§ 266a StGB) und die nachfolgend aufgezählten Insolvenzstraftaten.

Gruppe 3
Straftatbestände, die sich direkt an den Geschäftsführer richten, wegen Falschangaben bei der Gründung der GmbH und bei Kapitalerhöhung (§ 82 GmbHG), Verletzung der Verlustanzeigepflicht (§ 84 GmbHG), Verletzung der Geheimhaltungspflicht (§ 85 GmbHG) und die Verletzung der Insolvenzantragspflicht (§ 15a InsO).

Die **Insolvenzstraftaten** können nach zwei Begriffsgruppen unterschieden werden:

- Insolvenzstraftaten im **engeren Sinne**, d. h. dass eine Strafnorm verletzt wird, die den Zweck verfolgt, die gleichmäßige Befriedigung aller Gläubiger mit den Mitteln des Strafrechts zu sichern.
- Insolvenzstraftaten im **weiteren Sinne** sind solche, die ein Verhalten sanktionieren, welches mit der Verwirklichung eines strafrechtlichen Tatbestandes im Zusammenhang mit einem Unternehmenszusammenbruch steht (Weyand u. Diversy 2013, Rn. 9).

Die in der Praxis relevanten Insolvenzstraftaten sind:

- §§ 283, 283a StGB (Bankrott)
- § 283b StGB (Verletzung der Buchführungspflicht)
- § 283c StGB (Gläubigerbegünstigung)
- § 283d StGB (Schuldnerbegünstigung)

Bankrott – § 283 StGB
Der Bankrott gem. § 283 Abs. 1 StGB verlangt ein vorsätzliches täterschaftliches Handeln während einer Unternehmenskrise. Der Bankrotttatbestand des § 283 StGB ist auch dann erfüllt, wenn der Geschäftsführer in der Unternehmenskrise betriebliche Forderungen über ein Privatkonto von Mitarbeitern (Familienangehörige des Geschäftsführers) einziehen lässt[32].

---

[32] LG Hildesheim v. 13.2.2014 – 21a Ns 25 Js 34542/12, ZInsO 2015, 352.

Im Einzelnen führt § 283 StGB **sieben Fallgruppen** auf, die das strafwürdige Verhalten in einer Krisensituation näher umschreiben. Der Tatbestand wird in Nr. 8 durch eine Generalklausel als Auffangtatbestand für die in den übrigen Alternativen nicht erfassten Vorgehensweisen ergänzt (ebd., Rn. 62).

In Abs. 4 werden das fahrlässige Verkennen der Unternehmenskrise und deren leichtfertige Herbeiführung sanktioniert.

In Abs. 5 werden die fahrlässigen Bankrotthandlungen erfasst.

§ 283 StGB hat einen Strafrahmen, der von Geldstrafe bis zu einer Freiheitsstrafe von bis zu fünf Jahre besteht.

Besonders schwerer Fall des Bankrotts – § 283a StGB
Die Höchststrafe von 5 Jahren Freiheitsentzug droht der Gesetzgeber demjenigen an, der eine Bankrotthandlung i. S. d. § 283 StGB begeht, eine an sich schon nicht unerhebliche Sanktion.

Es sind aber auch Taten im Zusammenhang mit Unternehmenszusammenbrüchen denkbar, für die dieser Strafrahmen nicht ausreicht, z. B. Insolvenzen von Großunternehmen oder Kapitalanlagefirmen mit einer Vielzahl von Geschädigten (ebd., Rn. 117). Aus diesem Grund wurde § 283a StGB geschaffen, der einen Strafrahmen von bis zu zehn Jahren hat.

Verletzung der Buchführungspflicht – § 283b StGB
Wie aufgezeigt, ist die Verletzung von Buchführungspflichten in § 283 Abs. 1 Nr. 5 bis Nr. 7 StGB strafbewehrt. Voraussetzung ist, dass der Täter während bzw. in einer Unternehmenskrise handelt.

Demgegenüber müssen Buchführungsdelikte nach § 283b StGB nicht in der Krise begangen worden sein; es genügt, dass nach ihrer Begehung die objektive Strafbarkeitsbedingung aus § 283 Abs. 6 StGB – Insolvenzeröffnung – eingetreten ist[33].

Zudem sind Fälle vorstellbar, in denen der Täter die wirtschaftliche Schieflage des Unternehmens nicht realisiert, ohne dass er fahrlässig i. S. d. § 283 Abs. 4 StGB handelt. In solchen Sachlagen kann § 283b StGB als subsidiärer Tatbestand eingreifen (ebd., Rn. 125).

Die Verletzung der Buchführungspflicht wird mit Freiheitsstrafe von zwei Jahren oder Geldstrafe geahndet.

Gläubigerbegünstigung – § 283c StGB
Von Gläubigerbegünstigung ist die Rede, wenn ein Gläubiger durch den für das kriselnde Unternehmen Verantwortlichen (Geschäftsführer) bevorzugt wird und dadurch die Befriedigung seiner Ansprüche sicherstellen kann (Fischer 2015, § 283c Rn. 2 ff.).

---

[33] Zur Abgrenzung zwischen Bankrott und Verletzung der Buchführungspflicht OLG Stuttgart v. 30.5.2011 – 1 Ss 851/10, ZInsO 2011, 1415.

Gewährt beispielsweise der Geschäftsführer in Kenntnis der Zahlungsunfähigkeit der GmbH einem Gläubiger eine Sicherheit oder Befriedigung, die diesem *nicht* oder *nicht in der Art* oder *nicht zu der Zeit* zugestanden hat, wird der Tatbestand der Gläubigerbegünstigung verwirklicht[34].

Die Gläubigerbegünstigung wird mit Freiheitsstrafe von bis zu zwei Jahren oder Geldstrafe bestraft.

Schuldnerbegünstigung – § 283d StGB
Die bis hierhin dargestellten Tatbestände des Insolvenzstrafrechts erfordern ein verantwortliches Tätigwerden des in der Krise befindlichen Unternehmens bzw. eines nach § 14 StGB verantwortlichen Organs einer juristischen Person.

Denkbar ist es aber auch, dass sich Dritte an einem solchen Verhalten beteiligen, sei es als Anstifter, als Gehilfe oder gar als Mittäter. Falls dieses Tätigwerden zu einer Besserstellung des Schuldners führt, kann eine strafbare Schuldnerbegünstigung i. S. d. § 283d StGB gegeben sein.

Allerdings ist eine Strafverfolgung nur dann möglich, wenn die objektive Bedingung der Strafbarkeit, wie sie in § 283 Abs. 6 StGB umschrieben ist, auch eingetreten ist: notwendig ist folglich, dass der Schuldner – nicht aber der Täter – seine Zahlungen eingestellt hat oder das Insolvenzverfahren über sein Vermögen eröffnet bzw. ein Antrag auf Eröffnung des Insolvenzverfahrens mangels Masse abgelehnt worden ist, § 283d Abs. 4 StGB (Fischer 2015, § 283d Rn. 2; Weyand u. Diversy 2013, Rn. 136).

Zum besseren Verständnis folgendes Beispiel:

Die Ehefrau eines Gesellschafter-Geschäftsführers einer GmbH hat Kenntnis von der Zahlungsunfähigkeit der GmbH und schafft für ihren Mann mit dessen Einwilligung Vermögenswerte (z. B. Fuhrpark, Maschinen, etc.) zur Seite, die eigentlich zur Masse und zur Befriedigung aller Gläubiger dienen. Die Begehung der Schuldnerbegünstigung wird mit Freiheitsstrafe bis zu fünf Jahren oder mit Geldstrafe bestraft.

2.5.2 Insolvenzstrafrechtliche Begleitdelikte

Insolvenzstraftaten im weiteren Sinne werden auch Begleitdelikte genannt. Diese sanktionieren ein Verhalten, welches mit der Verwirklichung eines strafrechtlichen Tatbestandes im Zusammenhang mit einem Unternehmenszusammenbruch steht (Weyand u. Diversy 2013, Rn. 9).

Zu den typischen Begleitdelikten gehören (Ehlers 2011, S. 3120 ff.; Weyand u. Diversy 2013, Rn. 9):

---

[34] Zur Teilnahme an einer Gläubigerbegünstigung durch einen Rechtsanwalt und zugleich Abgrenzung zur Schuldnerbegünstigung BGH v. 29.9.1988 – 1 StR 332/88, NJW 1989, 1167 = NStZ 1989, 179; Bales 2011, S. 57, 62 f.

- Betrug/Kreditbetrug (§ 263 StGB/265b StGB)
- Vorenthaltung von Sozialversicherungsbeiträgen (§ 266a StGB)
- Urkundenfälschung (§ 267 StGB)
- Unterschlagung (§ 246 StGB)
- Untreue (§ 266 StGB)
- Insolvenzverschleppung (§ 15a InsO)
- Steuerhinterziehung (§ 370 AO)

Nachfolgend sollen die in der Praxis für den Berater wohl relevantesten, d. h. mit denen er im Zusammenhang mit einem Krisenmandant am ehesten in Berührung kommt, kurz dargestellt werden:

Betrug – § 263 StGB
Des Betruges nach § 263 StGB macht sich derjenige strafbar, der in der Absicht, sich oder einem Dritten einen rechtswidrigen Vermögensvorteil zu verschaffen, einen anderen täuscht, um dann aufgrund der Täuschung dessen Vermögen zu schädigen.

Wusste hiernach der Geschäftsführer z. B. im Zeitpunkt der Bestellung von Material oder Waren, dass er bzw. die Gesellschaft den daraus entstehenden Zahlungsverpflichtungen mangels Liquidität nicht nachkommen kann, stellt dies einen **Eingehungsbetrug** dar[35].

Kreditbetrug – § 265b StGB
Kreditbetrug gemäß § 265b StGB liegt vor, wenn ein Kreditnehmer ein Kreditinstitut beim Antrag auf Gewährung, Belassung oder Veränderung eines Kredits über die tatsächlichen wirtschaftlichen Verhältnisse täuscht. Zu einer Auszahlung des Kredits muss es nicht kommen. Ausreichend ist, dass die für den Kredit entscheidenden Unterlagen schriftlich eingereicht bzw. Angaben gegenüber dem Kreditinstitut gemacht worden sind[36].

Für den Berater besteht hierbei große Gefahr. Wenn der Mandant von seinem Steuerberater „frisierte" oder „wohlwollende" Bestätigungen im Zusammenhang mit der Kreditwürdigkeit seines Unternehmens verlangt und mit diesen Bestätigungen einen Kreditantrag stellt, kommt eine Strafbarkeit des Beraters wegen Beihilfe zum Kreditbetrug in Frage. Dies gilt natürlich auch in den Fällen, in denen handels- und/oder steuerliche Wahlrechte so ausgeübt werden, dass sie der Kreditgewährung jedenfalls förderlich sind, jedoch die tatsächliche Situation nicht (mehr) zutreffend wiedergeben.

Vorenthaltung von Sozialversicherungsbeiträgen – § 266a StGB
Zum Vorenthalten von Sozialversicherungsbeiträgen wird unten auf Abschn. 7.4.3 verwiesen.

---

[35] Froehner 2011, S. 1617: *"Wer einen Vertrag eingeht, erklärt nämlich konkludent – also im Sinne eines aktiven Tuns – seine Fähigkeit, bei Fälligkeit der daraus resultierenden Forderung zahlen zu wollen und dies auch zu können."*; siehe auch BGH v. 19.7.2011 – VI ZR 367/09, ZIP 2011, 1661.
[36] BayObLG v. 15.2.1990 – 2 St 398/89, NJW 1990, 1677.

Insolvenzverschleppung – § 15a InsO
Zur Insolvenzverschleppung wird unten auf Abschn. 7.5 verwiesen.

Exkurs: Amtsunwürdigkeit des Geschäftsführers
Sollte ein Geschäftsführer aufgrund der oben aufgezählten Straftatbestände durch ein Gericht verurteilt werden oder aber durch eine Verwaltungsbehörde mit einem Berufsverbot belegt worden sein, so ist es ihm gem. § 6 Abs. 2 GmbHG für die nächsten 5 Jahre untersagt, als Geschäftsführer für eine Gesellschaft tätig zu werden. Diese sogenannte „Amtsunwürdigkeit" oder auch „Inhabilität" (Weiß 2009, S. 209) stellt ein objektives Bestellungshindernis des Geschäftsführers dar (Müller-Gugenberger 2009, S. 578 ff.) bzw. lässt die Geschäftsführerstellung kraft Gesetz mit Eintritt der Rechtskraft entfallen (Kleindiek 2012, § 6 Rn. 21).

2.5.3 Haftung des faktischen Geschäftsführers

In der Praxis kommt es häufig vor, dass Unternehmen nicht von den-/demjenigen gelenkt und geführt werden, die im Handelsregister als Verantwortliche eingetragen sind, sondern dass Dritte als eigentlich handelnde Personen auftreten. Die Gründe hierfür sind verschieden. Oft wird versucht, die Bestimmungen des § 6 Abs. 2 GmbHG zu umgehen, wonach den wegen einer Straftat vorbestraften Personen für 5 Jahre weitere Geschäftsführertätigkeiten untersagt sind (Weyand u. Diversy 2013, Rn. 24).

Geschäftsunerfahrene „Strohmänner" werden vorgeschickt, während der eigentliche Geschäftsführer im Hintergrund die Entscheidungen für die Gesellschaft trifft. Der eingetragene Geschäftsführer – nicht selten die Ehefrau – ist demgegenüber lediglich für die Erledigung von Formalien notwendig, wie z. B. Unterschriftsleistungen unter Verträge, Jahresabschlüsse und Steuererklärungen.

Um diesen Personenkreis zur Verantwortung ziehen zu können, hat die Rechtsprechung die Rechtsfigur des „faktischen Geschäftsführers" entwickelt[37]. Unter einem faktischen Geschäftsführer ist derjenige zu verstehen, der ohne wirksame Bestellung de facto die Position eines Geschäftsführers ausübt und die Geschäftsführeraufgaben tatsächlich wahrnimmt[38] (Schellberg 2007, S. 132). Wann ein Außenstehender Dritter tatsächlich als faktischer Geschäftsführer anzusehen ist, ist vom Einzelfall abhängig, es kommt wesentlich auf das Gesamterscheinungsbild des Auftretens an[39].

Der BGH sieht es zwar nicht als erforderlich an, dass der Handelnde die gesetzliche Geschäftsführung völlig verdrängt. Entscheidend sei aber, dass der Betreffende die Geschicke der Gesellschaft maßgeblich in die Hand genommen habe; dazu reiche eine bloße

---

[37] Nachweise bei Bank 2010, § 4 Rn. 29; Weyand u. Diversy 2013, Rn. 27; zur Strafbarkeit des „faktischen Geschäftsführers" nach §§ 82, 84 GmbHG siehe auch BGH v. 10.5.2000 – 3 StR 101/00, NJW 2000, 2285 = NStZ 2000, 537 = GmbHR 2000, 878 m. krit. Anm. Schulz, StraFO 2003, 155.
[38] Siehe BGH v. 11.6.2013 – II ZR 389/12, NJW 2013, 3303 = ZIP 2013, 1519.
[39] BGH v. 27.6.2005 – II ZR 113/03, ZIP 2005, 1414 = GmbHR 2005, 1126.

2.5 Compliance im Umfeld mittelständischer Unternehmen

interne Einwirkung auf die/den satzungsgemäßen Geschäftsführer nicht aus, sondern es müsse auch ein eigenes, nach außen hervortretendes Geschäftsführerhandeln gegeben sein (vgl. Kleindiek 2012, § 43 Rn. 2 ff.)[40]. Erforderlich ist, dass der faktische Geschäftsführer auch Geschäftsführerfunktionen im maßgeblichen Umfang übernommen hat. Seine Geschäftsführung muss eine überragende Stellung einnehmen, die vorliegt, wenn von den nachfolgend aufgeführten acht klassischen Merkmalen mindestens sechs erfüllt sind (Schellberg 2007, S. 132; Köhler 2014, Rn. 280 f.)[41]:

- Bestimmung der Unternehmenspolitik
- Unternehmensorganisation
- Einstellung von Mitarbeitern
- Gestaltung der Geschäftsbeziehungen zu Vertragspartnern
- Verhandlungen mit Kreditgebern
- Gehaltshöhe
- Entscheidung in Steuerangelegenheiten
- Steuerung der Buchhaltung

Den faktischen Geschäftsführer können die strafrechtlichen Sanktionen der aufgezeigten Insolvenzstraftaten und deren insolvenzstrafrechtlichen Begleitdelikte treffen, sofern er diese Tatbestandsmerkmale erfüllt.

Hier kann der faktische Geschäftsführer Straftaten als Strohmann begangen haben, was dazu führt, dass der faktische Geschäftsführer in mittelbarer Täterschaft i. S. d. § 25 Abs. 1 2. Alt. StGB als Alleintäter verfolgt werden kann. Dementsprechend richtet sich die Strafbarkeit desjenigen, der durch den faktischen Geschäftsführer vorgeschoben worden ist, nach den allgemeinen Grundsätzen, d. h. wenn er selbst sämtliche Tatbestandsvoraussetzungen erfüllt, ist er als Täter nach den §§ 283 ff. StGB strafbar[42]. Andernfalls bleibt immer noch eine Verfolgung als Gehilfe (Weyand u. Diversy 2013, Rn. 26).

▶ **Praxishinweis** Die Haftung aufgrund faktischer Geschäftsführung kann grundsätzlich jeden treffen, der die Unternehmensführung übernommen hat. Diesbezüglich gilt das oben Gesagte auch für Steuerberater (ebd., Rn. 210) und Rechtsanwälte. In diesem Zusammenhang ist darauf hinzuweisen, dass für Schäden, die im Rahmen von faktischer Geschäftsführertätigkeit eines Beraters auftreten, keine Haftpflichtversicherung einsteht. Im Gegenteil, es findet sich ein Ausschluss von Haftpflichtansprüchen aus Unternehmerrisiko in den Haftpflichtversicherungsbedingungen (so z. B. beim Haftpflichtversicherer

---

[40] BGH v. 21.3.1988 – II ZR 194/87; BGH v. 11.7.2005 – II ZR 235/03.
[41] BayOLG St v. 20.2.1997 – 5 St RR 159/96, NJW 1997, 1936=BB 1997, 850=GmbHR 1997, 453.
[42] Siehe aktuell BGH v. 18.12.2014 – 4 StR 323/14, NJW 2015, 712=NZI 2015, 186=ZInsO 2015, 196 m. Anm. Müller u. Rautmann, DStR 2015, S. 656.

HDI-Gerling unter Punkt 6.3. der BBR-S (Besondere Bedingungen und Risikobeschreibungen für Steuerberater), siehe Vorbemerkungen).

2.6 Folgen für den Berater bei sich verschärfender Krise

Bei sich verschärfender Krise vermehren sich auch die potenziellen Gefahren für den Berater. Der Mandant benötigt dringend liquide Mittel und wird auch nicht davor zurückscheuen, vor allem von seinem Steuerberater „Hilfe" zu fordern. Diese Hilfeleistung kann in der Bitte liegen, dass Unternehmen und seine wirtschaftliche Lage besser darzustellen, als es der Realität entspricht.

In der Insolvenz ist immer wieder festzustellen, dass die Jahresabschlüsse vorangegangener Jahre zu positiv waren, und zwar über die zulässigen gestalterischen Möglichkeiten einer progressiven Bilanzierung durch Ausübung von Wahlrechten hinaus. Den Steuerberater kann dann eine Schadensersatzpflicht gegenüber Dritten treffen, die sich auf diese fehlerhaften Jahresabschlüsse verlassen haben (Ehlers 2007, S. 3461 ff.), etwa wenn die Hausbank zu Beginn der Krise noch Kreditlinien verlängert hat.

Ist erkennbar, dass das Ergebnis der Arbeiten des Steuerberaters, z. B. Zwischen- oder Jahresabschlüsse, betriebswirtschaftlichen Auswertungen oder Testate beispielsweise über die Einhaltung handelsrechtlicher Vorschriften und/oder die Ordnungsmäßigkeit der zugrunde liegenden Buchführung[43] bestimmten Dritten als Entscheidungsgrundlage für Vermögensdispositionen dienen sollen, z. B. bei der Kreditvergabe oder beim Unternehmenserwerb, haben sie für die Richtigkeit einzustehen (Ehlers 2007, S. 3461, 3468 ff.).

Auch begibt sich der Berater für die Erstellung von falschen Auskünften für potenzielle Kreditgeber (meistens Kreditinstitute) in die zivilrechtliche Haftung. Eine solche Haftung resultiert aus dem sogenannten Vertrag mit Schutzwirkung zugunsten Dritter. Es ist anerkannt, dass bei unrichtigem Testat eines Steuerberaters oder Wirtschaftsprüfers ein Drittschutz gegenüber dem Kreditinstitut/Kreditgeber besteht (Grüneberg 2015, § 328 Rn. 35 ff.).

Ob es tatsächlich zu einer zivilrechtlichen Haftung für den Berater kommt, hängt grundsätzlich davon ab, ob der Steuerberater die seinem Berufsstand übliche und zu fordernde Sorgfalt walten lässt. Demzufolge hat der gewissenhafte und redliche Berater nichts zu befürchten.

Maßstab für die anzuwendende Sorgfalt ist für Steuerberater der § 57 Abs. 1 StBerG und für Wirtschaftsprüfer der § 43 WPO. Zu beachten ist, dass der § 43 Abs. 1 WPO auch ein Schutzgesetz i. S. d. § 823 Abs. 2 BGB ist (Sprau 2015, § 823 Rn. 71). In diesem Zusammenhang sei noch einmal auf die oben beschriebenen Leistungsanforderungen des Steuerberaters unter Abschn. 2.2 verwiesen. Ihre Beachtung muss Basis für jedes Tätigwerden des Beraters sein!

---

[43] Zu den strafrechtlichen Konsequenzen bei Falsch- und Nichtbuchungen ausführlich Louis 2002, S. 18, 90 u. 230.

Wie ebenfalls dargestellt, besteht kein Versicherungsschutz für grob fahrlässige und vorsätzliche Pflichtverletzungen. Die Allgemeinen Rechtsschutzbedingungen schließen eine Einstandspflicht aufgrund solch begangener Pflichtverletzungen in aller Regel von vornherein aus.

2.7 Honorarsicherung

Eine ganz andere Gefahr für den Berater stellt sich mit Blick auf die Sicherung des eigenen Honorars bei einem sich in der Krise befindlichen Mandanten. Der Berater darf (selbstredend) die Sicherung des eigenen Honorars nicht aus den Augen verlieren.

Sofern die Sanierungsbemühungen scheitern und ein Insolvenzverfahren eröffnet wird, führt dies nicht nur zum **Erlöschen** des bis dahin bestehenden **Beratungsvertrags**, sondern

- die im Zeitpunkt der Verfahrenseröffnung bestehenden Honorarforderungen können nur noch zur Tabelle angemeldet werden (Ehlers 2011, S. 3120 ff.) und
- bereits bezahlte Honorare können im Wege der Insolvenzanfechtung nach §§ 129 ff. InsO durch den Insolvenzverwalter zurückgefordert werden[44].

Der Honoraranspruch unterliegt deshalb einem besonderen Anfechtungsrisiko, weil der Steuerberater aufgrund seiner bisherigen – meist langjährigen – Tätigkeit für das notleidende Unternehmen über die aktuelle wirtschaftliche Lage gut informiert und daher regelmäßig bösgläubig ist (Heidbrink 2008, S. 958 ff.)[45].

Demgegenüber kann der Berater von der Insolvenzfestigkeit der mit dem Mandanten vereinbarten Vergütung ausgehen, wenn diese angemessen ist. Es wird regelmäßig unterstellt, dass die Vergütung dem Grundsatz der Äquivalenz von Leistung und Gegenleistung entspricht (Kirchhof 2005, S. 340), es sei denn, die Beratung ist von vornherein aussichtslos[46].

Gleichwohl sollten nachfolgend aufgeführte Voraussetzungen erfüllt werden, damit die Gefahr, über die Insolvenzanfechtung das Beraterhonorar zu verlieren, ausgeschlossen bzw. minimiert wird.

Zunächst sollte sich der Berater einen Überblick über das Unternehmen sowie einen Eindruck über die handelnden Personen verschaffen. Kommt der Berater zu der Feststellung, dass es sich bei dem Auftrag um ernsthafte und nicht von vornherein aussichts-

---

[44] Nach Plathner 2013, 1349 (1354 f.) soll eine Anfechtung von bereits gezahlten Honoraren auch nach § 138 Abs. 2 Nr. 2 InsO in Betracht kommen, weil der Steuerberater eine „nahestehende Person" im Sinne der Vorschrift sein könne.

[45] Vgl. AG Viersen v. 5.2.2008 – 32 C 233/07, GI 2008, 207.

[46] BGH v. 18.7.2002 – IX ZR 480/00, NJW 2002, 3252 = ZInsO 2002, 876.

los erscheinende Sanierungsbemühungen des Mandanten handelt, kann der Auftrag angenommen werden[47].

Bei Auftragsannahme sollte unbedingt eine **schriftliche Honorarvereinbarung** geschlossen werden, auch in Abgrenzung zu den bereits bestehenden Auftrags- und Honorarvereinbarungen, die eine Beratung in der Krise typischerweise nicht vorsehen.

Werden nachfolgende Voraussetzungen in der Honorarvereinbarung aufgenommen bzw. beachtet, ist das Honorar nach den Grundsätzen des Bargeschäfts i. S. d. § 142 InsO der Insolvenzanfechtung nach den §§ 129 ff. InsO (Heidbrink 2008, S. 958) entzogen:

- **Unmittelbare** Leistung des Mandanten (Schuldners)
  - Sofortige Zahlung (innerhalb von 14–30 Tagen) vom Mandanten verlangen, damit die Unmittelbarkeit erfüllt ist[48]; nach BGH vom 18.07.2002[49] fehlt es an der Unmittelbarkeit, wenn der Berater (im entschiedenen Fall ein Rechtsanwalt) sein Sanierungshonorar erst zwei Monate nach Fälligkeit der erbrachten Sanierungsberatung, mit der Folge, dass das Honorar nach erfolgter Insolvenzanfechtung zurückgezahlt werden muss.
- **Gleichwertige** Gegenleistung, die in das Vermögen des Mandanten (Schuldner) gelangt sein muss
  - Deshalb darf zum einen die Beraterleistung nicht *von vorn herein aussichtslos* sein, was automatisch zu einer Unbrauchbarkeit der Beraterleistung als solche führen würde und zum anderen muss das Beraterhonorar *angemessen* sein, da ansonsten keine gleichwertige Leistung gegeben ist und die Grundsätze des Bargeschäfts nicht greifen.
  - Es darf keine Anfechtbarkeit nach § 133 Abs. 1 InsO gegeben sein, d. h. der Mandant/Schuldner darf das Beraterhonorar nicht mit dem Vorsatz zahlen, die übrigen Gläubiger zu benachteiligen und der Berater darf auch keine Kenntnis von einem Benachteiligungsvorsatz im Zeitpunkt der Zahlung des Honorars haben.
  - Damit diese Voraussetzungen nicht vorliegen, ist es wichtig, dass der Berater den Eindruck erhält, dass es sich von Seiten des Schuldners um eine ernsthafte und nicht von vorn herein aussichtslose Sanierungsbemühung handelt und dass der Berater

---

[47] Die Mandatierung im Vorfeld der Insolvenz ist von einem Gegensatz geprägt: dem erheblichen Beratungsbedarf steht die großen Unsicherheit des Steuerberaters in Bezug auf die Durchsetzbarkeit und Sicherung seiner Honoraransprüche gegenüber, so zutreffend Hölzle 2003, S. 2075 f.

[48] Zur Annahme eines Bargeschäftes i. S. d. § 142 InsO bei **Vorschusszahlungen** (für Rechtsanwaltshonorar): BGH v. 18.9.2008 – IX ZR 134/05, NZG 2008, 902: zwischen Beginn der anwaltlichen Tätigkeit und der Erbringung der Gegenleistung dürfen nicht mehr als 30 Tage liegen. Bei der Anforderungen von Vorschüssen ist zu beachten, dass, wenn in regelmäßigen Abständen Vorschüsse eingefordert werden, ein Bargeschäft nur dann vorliegt, wenn diese in etwa dem Wert der inzwischen entfalteten oder in den nächsten 30 Tagen noch zu erbringenden Rechtsanwaltstätigkeit entspricht. Ebenso können Teilleistungen gegen entsprechende Vergütung vereinbart werden, so BGH v. 6.12.2007 – IX ZR 113/06, NJW 2008, 659 = DB 2008, 176 = BB 2008, 298.

[49] BGH v. 18.7.2002 – IX ZR 480/00, NJW 2002, 3252 = ZInsO 2002, 876.

selbst die Sanierungsbemühung für möglich hält; des Weiteren sollte die Zahlung sofort vereinbart und vereinnahmt werden, da eine spätere Zahlung in einem Zeitpunkt erfolgen könnte, in dem sowohl dem Schuldner und dem Berater ersichtlich ist, dass die Sanierungsbemühungen gescheitert und die Insolvenz unvermeidbar ist.

Klarstellend ist aber festzuhalten, dass die Sanierungsbemühungen nicht erfolgreich sein müssen, um das Honorar zu sichern, da den Sanierungserfolg niemand garantieren kann, so dass sachgerechte Beratungsleistungen selbstverständlich werthaltig sind (Ehlers 2009, S. 1194).

▸ **Praxishinweis** Der Berater sollte beim Tätigwerden für insolvenzgefährdete Mandanten die aufgezeigte Vorgehensweise unbedingt beachten. Andernfalls läuft er Gefahr, dass seine arbeits- und zeitintensiven Bemühungen nicht oder nicht adäquat honoriert werden. Honoraransprüche können im Grunde nur dann effektiv gesichert werden, wenn die Beratungsleistung **ausschließlich** gegen Zahlung von **Vorschüssen** oder **Abschlägen** erfolgt (Hölzle 2003, S. 2075 ff.).

Der Berater sollte neben den angesprochenen Punkten auch immer die Möglichkeit einer **Sicherung** seiner Honoraransprüche in Erwägung ziehen (Kirchhof 2005, S. 340).

Im Übrigen ist es fast immer günstiger, ein Mandatsverhältnis zum Abschluss zu bringen und dafür kein Honorar, aber auch keine eigene Haftung – die im Zweifel den Honoraranspruch um ein Vielfaches übersteigen wird – in Kauf nehmen zu müssen.

Literatur

Alvermann, Jörg, und Markus Wollweber. 2008. Die Ausuferung der Beraterhaftung – Risiken und Verteidigungsstrategien. *Steuerberatung* 356.
Bales, Klaus. 2011. Welche Haftungsgefahren drohen Geschäftsführern und Gesellschaftern in der Krise und der Insolvenz unter Berücksichtigung des MoMiG? *InsbürO – Zeitschrift für Insolvenzsachbearbeitung und Entschuldungsverfahren* 57.
Bank, Stefan. 2010. In *Haftung von Unternehmensorganen,* Hrsg. Reinhard Patzina, Stefan Bank, Dieter Schimmer, und Michael Simon-Widmann, § 4 Rn. 29, § 10 Rn. 39. München: Beck.
Burghard, Jörg. 2015. Tax Compliance – ein modernes englischsprachiges Modewort oder nur was für Große? *Steuerrecht kurzgefaßt* 111.
Ditges, Thomas. 2011. Hinweispflichten des Beraters bei Insolvenzreife des Unternehmens. *NWB* 3131 ff.
Ehlers, Michael. 2007. Wichtige Aspekte des Insolvenzrechts für Steuerberater, Ausgewählte Urteile zu den Hinweis- und Beratungspflichten gegenüber dem Mandanten in der Krise. *NWB* 3461 ff., 3468 ff.
Ehlers, Michael. 2008a. Notwendige Haftungsprävention für Steuerberater, Teil 1 und 2. *Deutsches Steuerrecht* 578, 636.

Ehlers, Michael. 2008b. Das Haftungspotential gegenüber Beratern in der Unternehmenskrise. *Neue Zeitschrift für das Recht der Insolvenz und Sanierung* 211.

Ehlers, Michael. 2009. Wichtige Urteile zur Krisenberatung. *Zeitschrift für das gesamte Insolvenzrecht* 1194.

Ehlers, Michael. 2011. Das Insolvenzrecht als Betätigungsfeld für den Steuerberater. *NWB* 3120.

Fischer, Thomas. 2015. *Strafgesetzbuch*. 62. Aufl. § 14 Rn. 1b, § 283c Rn. 1 ff. München: Beck.

Froehner, Jan. 2011. Deliktische Haftung für die Beihilfe zur Insolvenzverschleppung gegenüber dem Neugläubiger. *Zeitschrift für das gesamte Insolvenzrecht* 617 ff.

Gehre, Horst, und Günter Koslowski. 2015. *Steuerberatungsgesetz*. 7. Aufl. § 33 Rn. 27. München: Beck.

Gilgan, Hans-Günther. 2015. Beratungs- und Belehrungspflichten des Steuerberaters. *NWB* 1337.

Gräfe, Jürgen. 2010. Haftungsgefahren des Steuerberaters/Wirtschaftsprüfers in der Unternehmenskrise. *Deutsches Steuerrecht* 618 ff., 669.

Grüneberg, Christian. 2015. *Palandt Bürgerliches Gesetzbuch*. 74. Aufl. § 328 Rn. 35 f. München: Beck.

Heidbrink, Alfried. 2008. Beraterhonorare in der Insolvenz – aktuelle Entwicklungen. *Betriebs-Berater* 958 ff.

Heuel, Carsten. 2006. *Haftung für Steuerberatung*. 242. Frankfurt a. M.: Lang.

Hölzle, Gerrit. 2003. Das Steuerberatungsmandat in der Insolvenz des Mandanten. *Deutsches Steuerrecht* 2075 f.

http://www.bstbk.de. Zugegriffen: 12. Mai 2015.

Kaiser, Thomas, und Kerstin Oetjen. 2011. Die Pflicht des Beraters zur Mandatskündigung in der Krise des Mandanten. *Deutsches Steuerrecht* 2488.

Kirchhof, Hans-Peter. 2005. Anfechtbarkeit der Vergütung vorinsolvenzlicher Berater und Vertreter des Schuldners im folgenden Insolvenzverfahren. *Zeitschrift für das gesamte Insolvenzrecht* 340.

Kleindiek, Detlef. 2012. In *GmbH-Gesetz,* Hrsg. Marcus Lutter und Peter Hommelhoff. 18. Aufl. § 6 Rn. 21, § 43 Rn. 2 ff. Köln: RWS.

Köhler, Gerhard. 2014. In *Handbuch des Wirtschafts- und Steuerstrafrechts,* Hrsg. Heinz-Bernd Wabnitz und Thomas Janovsky. 4. Aufl. Rn. 280 f. München: Beck.

Louis, Jürgen. 2002. Strafrechtliche Konsequenzen bei Falsch- und Nichtbuchungen, Teil 1: Insolvenzdelikte, Teil 2: Untreue, Betrug, Teil 3: Bilanz-, Urkunden- und Steuerdelikte. *BC – Zeitschrift für Bilanzierung, Rechnungswesen und Controlling* 18, 90, 230.

Müller-Gugenberger, Christian. 2009. GmbH-Strafrecht nach der Reform. *GmbH-Rundschau* 578 ff.

Nickert, Cornelius. 2008. *Die Haftung des Steuerberaters*. 21, 23, 31, 35. Wiesbaden: Gabler.

Passarge, Malte. 2009. Risiken und Chancen mangelhafter Compliance in der Unternehmenskrise. *Neue Zeitschrift für das Recht der Insolvenz und Sanierung* 86.

Pestke, Axel. 2009. Haftung des Steuerberaters für Insolvenzverschleppungsschäden. *Steuerberatung* 512 ff.

Pestke, Axel. 2011. Insolvenzverschleppungsschaden: Besteht eine Haftung des Steuerberaters? *Steuerberatung* 512.

Plathner, Jan Markus. 2013. Risiken des steuerlichen Beraters bei insolvenzgefährdeten Mandanten. *Deutsches Steuerrecht* 1349.

Schellberg, Bernhard. 2007. *Sanierungsmanagement*. 132. Berlin: Schmidt.

Scherer, Josef, und Klaus Fruth. 2009. *Geschäftsführer-Compliance*. 3, 10 ff. Berlin: Schmidt.

Schmittmann, Jens M. 2008. Vorsicht Falle: Haftung des Steuerberaters der Schuldnerin für den Erstattungsanspruch gegen den Geschäftsführer aus § 64 Abs. 2 GmbHG. *Zeitschrift für das gesamte Insolvenzrecht* 1170 ff.

Spliedt, Jürgen D. 2008. In *Anwaltshandbuch Insolvenzrecht,* Hrsg. Hans P. Runkel und Jens Schmidt. 2. Aufl. § 1 Rn. 27. Berlin: Schmidt.

Sprau, Hartwig. 2015. *Palandt Bürgerliches Gesetzbuch*. 74. Aufl. § 823 Rn. 61 ff., 71. München: Beck.

Streck, Michael. 2010. In *Tax compliance,* Hrsg. Michael Streck, Alexandra Mack, und Rolf Schwedhelm, 1 ff. Berlin: Schmidt.

Uhlenbruck, Wilhelm. 2005. In *Recht der Sanierungsfinanzierung,* Hrsg. Kai-Oliver Knops, Heinz Georg Bamberger, und Georg Maier-Reimer, 74. Berlin: Springer.

Wagner, Magnus, und Karsten Zabel. 2008. Insolvenzverschleppung nach § 64 II GmbHG wegen Überschuldung – Anreicherung der Masse durch Haftungsverlegung auf den Steuerberater? *Neue Zeitschrift für das Recht der Insolvenz und Sanierung* 660 ff.

Waschk, Michael. 2007. *Aktuelle Praxisfälle zur Steuerberaterhaftung*. 2. Aufl. 2, 9 ff. München: Beck.

Weiß, Udo. 2009. Ausschluss vom Geschäftsführeramt bei strafrechtlicher Verurteilung nach § 6 Abs. 2 GmbHG n.F. *wistra* 209.

Weyand, Raimund, und Judith Diversy. 2013. *Insolvenzdelikte*. 9. Aufl. Rn. 9, 24, 26, 62, 117, 125, 136, 210. Berlin: Schmidt.

Zugehör, Horst. 2010. Die neue Rechtsprechung des BGH zur zivilrechtlichen Haftung der Rechtsanwälte und steuerlichen Berater. *WM – Zeitschrift für Wirtschafts- und Bankrecht* Sonderbeilage 1, 2:10 f.

Erweiterte Pflichten der Geschäftsführung in der Unternehmenskrise 3

Um eine zielgerichtete und umfassende Beratung der Geschäftsführung – Geschäftsführer oder Vorstand – zu ermöglichen, muss der Berater zunächst einmal selbst wissen, welche (erweiterten) Pflichten den Geschäftsführer treffen können, um den Anforderungen an Beratungsleistungen für insolvenzgefährdete Mandanten gerecht zu werden.

Allzu häufig kommt es vor, dass der Geschäftsführer erst zu einem Zeitpunkt Beratung in Anspruch nimmt, in dem bereits Pflichten verletzt worden sind bzw. die Verletzung von Pflichten unmittelbar bevorsteht, ohne dass der Geschäftsführer davon Kenntnis hat.

Vor allem deshalb muss der Berater die aus einer Pflichtverletzung hervorgehenden Risiken kennen, um den Geschäftsführer hierüber rechtzeitig und umfassend beraten und aufklären zu können[1].

Nachfolgend soll ein Überblick über die den Geschäftsführer treffenden Pflichten und die damit verbundenen Risiken gegeben werden.

Den Geschäftsführer treffen bereits vor der Unternehmenskrise umfangreiche Pflichten gegenüber der Gesellschaft (Knittel 2015, S. 138). Jedoch nehmen diese Pflichten in einer Unternehmenskrise erheblich zu und im gleichen Umfang steigen auch die Risiken. Die den Geschäftsführer in der Unternehmenskrise treffenden Pflichten können bei ihrer Nichtbeachtung erhebliche zivilrechtliche und strafrechtliche Konsequenzen auslösen (Woedtke 2013, S. 484).

---

[1] Zur gewissenhaften Berufsausübung i. S. d. § 57 StBerG Abschn. 1.4.

3.1 Grundsatz eines ordentlichen Kaufmanns

§ 43 Abs. 1 GmbHG verpflichtet den Geschäftsführer gegenüber der Gesellschaft, die Sorgfalt eines ordentlichen Geschäftsmannes/Kaufmannes anzuwenden. Hierunter ist zu verstehen, dass der Geschäftsführer die Sorgfalt eines selbständigen, treuhänderischen Verwalters fremder Vermögensinteressen in verantwortlich leitender Position anzuwenden hat (Kleindiek 2012, § 43 Rn. 10, Schuhmann 2009, S. 535).

Als Verwalter fremder Vermögensinteressen (Gräfe et al. 2014, Rn. 710) unterliegt der Geschäftsführer im Verhältnis zur Gesellschaft einer Treuepflicht. In allen Angelegenheiten, die das Interesse der Gesellschaft betreffen, muss der Geschäftsführer allein das Wohl der Gesellschaft und nicht seinen eigenen Nutzen im Auge haben (Kleindiek 2012, § 43 Rn. 19)[2].

Verletzt der Geschäftsführer die ihm nach § 43 Abs. 1 GmbHG obliegende Sorgfaltspflicht, haftet er gemäß Abs. 2 der Vorschrift.

Diese Haftung trifft auch den Geschäftsführer einer Komplementär-GmbH in Bezug auf die Geschäftsführung bei der KG, wie der BGH in seiner Entscheidung v. 18.6.2013[3] erneut klargestellt hat:

Wenn die alleinige oder wesentliche Aufgabe einer Komplementär-GmbH in der Führung der Geschäfte einer KG besteht, erstreckt sich der Schutzbereich der durch die Bestellung begründeten organschaftlichen Sonderrechtsbeziehung zwischen der Komplementär-GmbH und ihrem Geschäftsführer im Hinblick auf seine Haftung aus § 43 Abs. 2 GmbHG im Fall einer sorgfaltswidrigen Geschäftsführung auch auf die KG.

Eine pflichtwidrige und damit haftungsbegründende Handlung im Hinblick auf das für die Erstreckung der Haftung nach § 43 Abs. 2 GmbHG notwendige Schutzbedürfnis der KG kann regelmäßig nur dann nicht angenommen werden, wenn alle Gesellschafter der KG mit dem Handeln des Geschäftsführers der Komplementär-GmbH einverstanden waren.

3.2 Gesellschaftsrechtliche Verpflichtungen

Bei Anzeichen einer Krise hat der Geschäftsführer gegenüber den Gesellschaftern die Pflicht zur Information. Insbesondere hat der Geschäftsführer nach § 49 Abs. 3 GmbHG unverzüglich die Gesellschafterversammlung einzuberufen, wenn die Hälfte des Stammkapitals verbraucht ist (Masuch 2012, § 49 Rn. 10 ff.).

Bei der **UG (haftungsbeschränkt)** ist gem. 5a Abs. 4 GmbHG die Versammlung der Gesellschafter bei drohender Zahlungsunfähigkeit i. S. d. § 18 InsO unverzüglich einzube-

---

[2] Nach OLG Celle v. 24.3.1999 – 9 U 196/98, NZG 1999, 1161 soll der Geschäftsführer auch nicht das Wohl einer anderen GmbH, in der er ebenfalls Geschäftsführer ist, im Auge haben, anderenfalls kann dies zum Stimmrechtsausschluss des Gesellschafter-Geschäftsführers führen.

[3] BGH v. 18.6.2013 – II ZR 86/11, ZIP 2013, 1712 m. Anm. Werner, GmbHR 2013, S. 1044; zur Haftung des Geschäftsführers bei Verschwendung von Gesellschaftvermögen siehe Bachmann 2013, S. 1121.

rufen. Hierbei muss der Eintritt der Zahlungsunfähigkeit wahrscheinlicher sein, als deren Vermeidung, wobei äußerste Grenze die Fälligkeit der letzten bestehenden Verbindlichkeit ist (Lutter 2012, § 5a Rn. 65 m.w.N.).

Vorrangig hat der Geschäftsführer bei einer sich abzeichnenden Krise also die Pflicht zur Einberufung einer Gesellschafterversammlung

- bei Anzeichen einer Krise, um seiner Informationspflicht gegenüber den Gesellschaftern nachkommen zu können (§ 49 Abs. 2 GmbHG),
- bei Verbrauch der Hälfte des Stammkapitals, dann unverzügliche Einberufung (§ 49 Abs. 3 GmbHG),
- bei drohender Zahlungsunfähigkeit der UG (haftungsbeschränkt), dann ebenfalls unverzügliche Einberufung (§ 5a Abs. 4 GmbHG).

Sollte der Geschäftsführer der Einberufungspflicht gemäß § 49 GmbHG nicht nachkommen, droht ihm zudem nach § 84 GmbHG – Verletzung der Verlustanzeigepflicht – eine Freiheitsstrafe bis zu drei Jahren oder eine Geldstrafe (Bank 2010, § 8 Rn. 44 f. i.V.m. § 6 Rn. 371 ff.).

Des Weiteren hat er den Gesellschaftern den Schaden zu ersetzen, der daraus entstanden ist, dass er die rechtzeitige Einberufung unterlassen hat. Die Vorschrift des § 84 GmbHG ist insoweit Schutzgesetz zugunsten der Gesellschafter **und** der Gesellschaft (Kleindiek 2012, § 84 Rn. 2 m.w.N.).

3.3 Risikomanagement

Ziel einer jeden Unternehmensstrategie ist es, das Unternehmen in seinem Bestand zu erhalten und ggf. zu erweitern.

Unternehmenskrisen bedrohen hingegen die Existenz eines Unternehmens. Ausreichende Krisenvorsorge und ein taugliches Krisen-/Risikomanagement – auch in präventiver Art – ist für die Unternehmenserhaltung somit unverzichtbar (vgl. Maus 2009, Rn. 1.113 ff.). Dementsprechend stellt die Installierung eines Risikomanagements auch eine gesellschaftsrechtliche Verpflichtung für den Geschäftsführer dar.

Ein Risikomanagementsystem erfordert drei Subsysteme (vgl. Kajüter 2012, S. 27):

- ein Früherkennungs-,
- ein Risikobewältigungs- und
- ein internes Überwachungssystem.

Grundlage jedes Risikofrüherkennungssystems ist die Identifikation und Bewertung von Risiken.

Daneben treten Systeme zur Risikofrüherkennung, die es ermöglichen, Gegenmaßnahmen einzuleiten, bevor sich eine Krise verfestigt. Unterschieden werden kann dabei zwischen

- vom Gesetzgeber geforderten Überwachungssystemen sowie
- operativen und strategischen Frühwarnsystemen.

Diese Systeme müssen selbstverständlich auf die Größe bzw. auf das Risikopotenzial eines jeden Unternehmens individuell abgestimmt sein.

3.3.1 Gesetzliche Überwachungssysteme

Der Gesetzgeber verlangt ausdrücklich nur bei der AG die Errichtung eines Systems zur Risikofrüherkennung.

Gem. § 91 Abs. 2 AktG ist der Vorstand einer AG verpflichtet, geeignete Maßnahmen zu treffen, insbesondere ein Überwachungssystem einzurichten, damit Entwicklungen früh erkannt werden, die den Fortbestand der Gesellschaft gefährden[4].

Diese nur für die AG geltende Vorschrift hat jedoch Ausstrahlungswirkung auf andere Gesellschaftsformen; auf den Geschäftsführer einer GmbH ist sie entsprechend anzuwenden (Beckmann 2014, R. 113; Pauli u. Albrecht 2014, S. 17)[5].

Zudem obliegt dem Geschäftsführer eine umfassende Verantwortung in Gestalt ständiger Solvenzprüfungspflichten nach § 64 GmbHG (Schmidt 2009, Rn. 1.20.; Abschn. 4.2).

3.3.2 Operative Frühwarnsysteme

Operative Frühwarnsysteme beruhen auf Informationen über Erfolg und Zahlungsfähigkeit eines Unternehmens, die regelmäßig durch eine Bilanzanalyse gewonnen werden.

Eine häufig angewandte Analysemethode ist die Kennzahlenrechnung. Dabei wird anhand verschiedener finanzwirtschaftlicher Kennzahlen – Umlaufvermögen, Gesamtaktiva, Umsatz, Gewinn, Rücklagen, Fremdkapital, Eigenkapitalwert und Cashflow – ein Schwellenwert ermittelt, der als Indikator für eine Unternehmenskrise dient (Küting 1991, S. 1324, 1358).

Nachteil der Kennzahlenrechnung ist, dass die Prognose der zukünftigen Entwicklung des Unternehmens aus den Zahlen vergangener Abrechnungsperioden entwickelt wird (Wilden 2014, § 2 Rn. 17 ff.).

---

[4] Vgl. LG München I v. 5.4.2007 – 5 HK O 15964/06, BB 2007, 2170=DStR 2008, 519 mit Anm. Liese u. Theusinger, BB 2007, S. 2528 u. Theusinger u. Liese, NZG 2008, S. 289; siehe auch Bunting unter http://www.ilf-frankfurt.de/fileadmin/_migrated/content_uploads/ILF_WP_127.pdf.

[5] LG Düsseldorf v. 27.5.2005 – 39 O 7304.

3.3.3 Strategische Frühwarnsysteme

Strategische Frühwarnsysteme[6] beruhen nicht wie die operativen Systeme auf einer Prognose auf Basis von Zahlen vergangener Abrechnungsperioden, sondern versuchen durch Beobachtung des Unternehmensumfeldes sowie Erstellung von Risikoanalysen künftige Entwicklungen rechtzeitig zu erkennen.

Ihr **Nachteil** besteht darin, dass sie nicht auf verlässliche, messbare Zahlen zurückgreifen können. Zu beobachten sind insbesondere folgende Risikofelder:

- Änderung der gesetzlichen Rahmenbedingungen,
- Änderung der Rechtsprechung,
- Zins-, Währungs-, Kredit- und Liquiditätsrisiken,
- Nachfrageverhalten der Abnehmer,
- Marktentwicklung und Verhalten der Konkurrenten.

Mithilfe eines Risikobewältigungs- bzw. Risikosteuerungssystems sollen die Risiken auf ein definiertes Maß begrenzt werden. Durch Maßnahmen kann sowohl die Schadenshöhe als auch die Eintrittswahrscheinlichkeit beeinflusst werden.

Zudem ist bei allen Kontrollmaßnahmen auch das Kosten-Nutzen-Verhältnis zu berücksichtigen, die **Kontrolle soll nicht mehr kosten, als mit ihr an Nutzen erreicht wird**. Die Reduktion von Risiken kann auch zu einem Verzicht auf Chancen und zu Imageverlusten führen, wenn angestammte Geschäftsfelder aufgegeben werden.

Das interne Überwachungssystem enthält alle Regelungen und Maßnahmen, die Abweichungen verhindern oder aufgetretene Abweichungen rechtzeitig anzeigen sollen. Hier ist insbesondere eine flexible und transparente Unternehmensstruktur aufzubauen, die es erlaubt, auf Krisensymptome schnell und mit den richtigen Mitteln zu reagieren.

3.3.4 Unternehmensorganisation

Geschäftsführer und Vorstände müssen das Unternehmen so organisieren, dass sie Krisen des Unternehmens nach Möglichkeit verhindern. Dazu gehören insbesondere

- ordnungsgemäße Buchführung und Rechnungslegung,
- Vermeidung riskanter Geschäfte,
- laufende Überwachung der Kreditgeschäfte,
- Berechnung und Überwachung des Bedarfs an liquiden Mitteln,
- fortlaufende Liquiditätsplanung, um unter allen Umständen den Eintritt einer Liquiditätskrise zu vermeiden (Solvenztest: Abschn. 4.2).

---

[6] Zu den strategischen Frühaufklärungs- bzw. Früherkennungssystemen 1., 2. u. 3. Generation ausführlich z. B. Alter 2011, S. 181 ff.; Baum et al. 2007, S. 330 ff.

3.3.5 Exkurs: Unternehmens-Reorganisationsgesetz Österreich (URG)

Nach dem österreichischen URG werden z. B. folgende Berechnungsformeln genutzt, um festzustellen, ob eine betriebswirtschaftliche Krise besteht bzw. Reorganisationsbedarf bei einem Unternehmen vorliegt:

- Gem. § 23 URG sind die Voraussetzungen für die Vermutung eines Reorganisationsbedarf i. S. d. URG erfüllt, wenn die Eigenmittelquote der Gesellschaft weniger als 8 % und die fiktive Schuldentilgungsdauer mehr als 15 Jahre betragen.
- Gem. § 24 URG liegt eine betriebswirtschaftliche Krise vor, wenn die Schuldentilgung in Jahren größer als der 15-fache Cashflow ist.

▶ **Praxishinweis** Nicht nur der Mandant, sondern auch der Berater sollte die Installierung eines Risikomanagementsystems nicht außer Acht lassen bzw. vernachlässigen, denn die Kluft zwischen Wissen und eigenem Verhalten ist oftmals groß (*„der Schuster selbst hat oft die schlechtesten Schuhe"*). Dabei gilt auch hier das oben Gesagte, d. h. eine Analyse der eigenen Risiken, wobei es keine Tabubereiche geben darf, die aus der Analyse herausgenommen werden.

Des Weiteren darf nicht außer Acht gelassen werden, dass Berater es in zweifacher Hinsicht leichter haben, ein Risikomanagementsystem einzuführen, als der Mandant:

Zum einen besitzen Berater (meist) das Privileg, Unternehmen einschätzen zu können, und dies gilt insbesondere für das eigene.

Zum anderen liegen dem Berater die notwendigen Informationen und Daten der eigenen Kanzlei ja bereits vor, so dass „lediglich" ein Risiko-Portfolio aufbereitet und strukturiert werden muss.

Schließlich sollte im Rahmen eines Kanzlei-Risikomanagement-Systems nicht das Potenzial des Versicherungsschutzes unterschätzt werden, der einen unabdingbaren, festen Bestandteil des Risikomanagements darstellt. So sollte neben der obligatorischen Vermögenshaftpflichtversicherung auch eine Rechtsschutzversicherung für Strafrechtsangelegenheiten abgeschlossen werden, da das Obsiegen in einer Steuer- oder Wirtschaftsstrafsache mitunter die Wahrung der Existenz und die Abwendung von Imageschäden für die Kanzlei bedeutet.

3.4 Wirtschaftliche Verpflichtungen

Selbstverständlich bringt eine Unternehmenskrise auch erhebliche wirtschaftliche Verpflichtungen für die Unternehmensleitung mit sich. Neben der ständigen Prüfung der wirtschaftlichen Lage des Unternehmens (Unternehmensanalyse), sind folgende Eckdaten immer im Auge zu behalten und zu beachten:

Vor der Unternehmenskrise:

- Erkennung von Veränderungen im Verhalten von Geschäftspartnern/Lieferanten,
- Erkennen von Krisenanzeichen anhand der BWA,
- sinkende Auftragseingänge.

In der Unternehmenskrise:

- Einsatz von operativen/strategischen Frühwarnsystemen (Controlling, etc.),
- bei akuter Unternehmenskrise → schnelles, entschiedenes Handeln („Feuerwehreinsatz", sofort mit Gegenmaßnahmen beginnen),
- Statusanalyse (Urteil über Sanierungsfähigkeit, Liquidität, Kapital),
- Erarbeitung einer überlebensfähigen „Idealgesellschaft" (Leitbild),
- Sanierungskommunikation,
- Informationsfluss gegenüber Stakeholdern, Gläubigern, Mitarbeitern etc.,
- Beruhigung der Stakeholder,
- Sicherstellung der Bereitschaft zu Sanierungsbeiträgen,
- Erarbeitung von Sanierungsoptionen (Entscheidung Sanierungsweg → macht es z. B. Sinn, innerhalb oder außerhalb der Insolvenz mit der Sanierung zu beginnen?).

3.5 Pflicht zur Gehaltsanpassung in der Krise

Den Geschäftsführer trifft bei einer Unternehmenskrise auch eine persönliche Verpflichtung dahingehend, eigene wirtschaftliche Einschnitte zu akzeptieren, um dem Unternehmen aus der Krise zu helfen.

Mit Urteil vom 06.11.2007[7] hat das OLG Köln festgestellt, dass der Geschäftsführer einer GmbH in einer Unternehmenskrise in entsprechender Anwendung des § 87 Abs. 2 AktG verpflichtet ist, sein Gehalt zu reduzieren. Unterlässt er dies, kann sich hieraus ein Schadensersatzanspruch ergeben.

Das OLG Köln hatte sich mit der Problematik auseinander zu setzen, dass ein klagender Insolvenzverwalter den beklagten Geschäftsführer einer GmbH auf Ersatz des Schadens in Anspruch nahm, den die GmbH erlitten hatte, da der Beklagte nach Eintritt der Krise der GmbH sein Geschäftsführergehalt nicht reduziert hatte. Das Kreditinstitut der GmbH hatte verlangt, dass die GmbH substantielle Maßnahmen ergreift, um den bestehenden Kontokorrentkredit zurückzuführen. Nachdem keine der geforderten Maßnahmen durch die GmbH erfolgt waren, kündigte die Bank den Kredit und die GmbH musste daraufhin die Eröffnung des Insolvenzverfahrens beantragen.

---

[7] OLG Köln v. 6.11.2007 – 18 U 131/07, DStR 2008, 1298 = NZG 2008, 637 = GmbHR 2008, 1216 m. Anm. Thomat, GmbH-StB 2008, S. 356, sowie Krüger u. Achsnick, EWiR 2008, S. 655.

Das OLG Köln stellte in seiner Urteilsbegründung fest, dass der Geschäftsführer in einer Krise der GmbH in entsprechender Anwendung der Bestimmungen des § 87 Abs. 2 AktG bzw. aufgrund seiner organschaftlichen Treupflicht verpflichtet sei, sein Geschäftsführergehalt in einem angemessenen Umfang zu reduzieren, um so einen Beitrag zur Beendigung der Krise zu leisten.

Das „ob und der Umfang" der Reduzierung hänge – so das OLG – vom jeweiligen Einzelfall ab. Voraussetzung sei, ob die Herabsetzung der Vergütung für die Gesellschaft objektiv erforderlich und dem Geschäftsführer subjektiv zumutbar ist.

Hinsichtlich der objektiven Erforderlichkeit führt das OLG aus, dass eine isolierte Betrachtungsweise der Gehaltsreduzierung nicht geboten sei, da es im vorliegenden Fall (und in einer Vielzahl vergleichbarer Fälle) noch weitere Möglichkeiten der Kreditrückführung durch zusätzliche Einsparungen und durch Einnahmen gegeben habe. Somit verbiete sich eine Argumentation, dass das von dem Kreditinstitut vorgegebene Ziel nicht zu erreichen gewesen sei und sich deshalb eine Gehaltsreduzierung von vorn herein als sinnlos darstelle. Der Beklagte könne vielmehr davon ausgehen, dass das Kreditinstitut substanzielle Bemühungen um Rückführung des Kredits honorieren würde.

Der persönlichen Zumutbarkeit der Gehaltsreduzierung stehen schließlich auch nicht die finanziellen Verpflichtungen des Beklagten entgegen. Diese können bei der Beurteilung der Zumutbarkeit einer vorübergehenden Gehaltsreduzierung nur ein Faktor sein. Insoweit war im vorliegenden Fall aber von Bedeutung, dass es um die Erhaltung nicht nur der GmbH, sondern auch der wirtschaftlichen Grundlage des Beklagten zur künftigen Erfüllung seiner finanziellen Verpflichtungen ging.

In einer aktuellen Entscheidung vom 19.11.2013 hat der BGH[8] entschieden, dass ein Geschäftsführer zur Erstattung von Gehaltszahlungen verpflichtet ist, soweit es sich um solche handelt, die nach Eintritt der Zahlungsunfähigkeit und/oder Überschuldung geleistet wurden. Der Geschäftsführer ist nämlich verpflichtet, sein Gehalt in der Krise herabzusetzen. Tut er dies nicht, kann er nicht mit rückständigen, d. h. in der Krise nicht ausgezahlten Gehaltsansprüchen aufrechnen, wenn der Insolvenzverwalter den Geschäftsführer nach Eröffnung des Insolvenzverfahrens in Anspruch nimmt.

▶ **Praxishinweis** Konsequenz aus dem angesprochenen Urteilen des OLG Köln und des BGH ist, dass die aus der Organstellung des Geschäftsführers folgenden gesetzlichen Pflichten gegenüber der GmbH – insbesondere die Treuepflicht – vor allem auch im Fall der Krise relevant werden bzw. an Bedeutung gewinnen.

Das neben bzw. mit dem Anstellungsverhältnis bestehende organschaftliche Pflichtenverhältnis gebietet, dass der Geschäftsführer alles Erforderliche

---

[8] BGH v. 19.11.2013 – II ZR 18/12, NZG 2014, 69 m. Anm. Commandeur u. Römer 2014, S. 175 u. Poertzgen 2014, S. 114.

und Zumutbare für die in ihrer Existenz bedrohte GmbH unternimmt, um sie zu entlasten. Hierzu gehört eben auch, die eigene Vergütung zu reduzieren.[9]

Dies gilt grundsätzlich auch für Pensionszusagen zugunsten des Gesellschafter-Geschäftsführers. Konkret muss in dieser Situation eine Entscheidung dahingehend getroffen werden, ob auf den Pensionsanspruch verzichtet wird oder aber die bisher erdienten Ansprüche „eingefroren" werden (Kohlhaas 2009, S. 685). Im erstgenannten Fall kommt es entscheidend auf die Werthaltigkeit der Zusage bzw. des Anspruches an. Ist der Anspruch wenigstens noch teilweise werthaltig, so führt der Verzicht, nicht nur auf der Ebene der Gesellschaft zu einem Ertrag (Auflösung der Pensionsrückstellung), sondern auch zu Einkünften beim Gesellschafter. Dieser muss hierauf Einkommensteuer bezahlen, obwohl tatsächlich kein Geld geflossen ist. Daher sollte zunächst die zweitgenannte Alternative geprüft werden.

Literatur

Alter, Roland. 2001. *Strategisches Controlling.* 181 ff. München: Oldenbourg.
Bachmann, Gregor. 2013. Die Haftung des Geschäftsführers für die Verschwendung von Gesellschaftsvermögen. *Neue Zeitschrift für Gesellschaftsrecht* 1121.
Bank, Stefan. 2010. In *Haftung von Unternehmensorganen,* Hrsg. Reinhard Patzina, Stefan Bank, Dieter Schimmer, und Michael Simon-Widmann, § 8 Rn. 44 f., § 6 Rn. 371 ff. München: Beck.
Baum, Heinz-Georg, Adolf G. Coenenberg, und Thomas Günther. 2007. *Strategisches Controlling.* 4. Aufl., 330 ff. Stuttgart: Schäffer-Poeschel.
Beckmann, Martin. 2015. Haftung für mangelhafte Compliance-Organisation: Ein Thema auch für GmbH-Geschäftsführer. *GmbH-Rundschau* R113.
Bunting, Nikolaus. 2015. http://www.ilf-frankfurt.de/fileadmin/_migrated/content_uploads/ILF_WP_127.pdf. Zugegriffen: 20. Juli 2015.
Commandeur, Anja, und Alexander Römer. 2014. Aktuelle Entwicklung im Insolvenzrecht – Geschäftsführertätigkeit in Krise und Insolvenz. *Neue Zeitschrift für Gesellschaftsrecht* 613.
Kajüter, Peter. 2005. *Risikomanagement im Konzern.* 27. Düsseldorf: Habilitationsschrift.
Kleindiek, Detlef. 2012. In *GmbH-Gesetz,* Hrsg. Marcus Lutter und Peter Hommelhoff, 18. Aufl. § 43 Rn. 6, 10, § 84 Rn. 2 ff. Köln: RWS.
Kohlhaas, Karl-Friedrich. 2009. *Die Überversorgung des Geschäftsführers – „Sargnagel" der GmbH in der Krise.* 685. Berlin: GmbH-Rundschau.
Krüger, Stefan, und Jan Achsnick. 2008. Zum Gehaltsverzicht des GmbH-Geschäftsführers in der Krise. *EWiR – Entscheidungen zum Wirtschaftsrecht* 655.
Küting, Karlheinz. 1991. Jahresabschlussanalyse als Kennzahlenrechnung. *Deutsches Steuerrecht* 1324, 1358.
Lutter, Marcus. 2012. *GmbH-Gesetz,* Hrsg. Marcus Lutter und Peter Hommelhoff, 18. Aufl. § 5a Rn. 28 ff. Köln: RWS.

---

[9] Der Geschäftsführer ist aufgrund seiner Treuepflicht gegenüber der Gesellschaft verpflichtet, einer Herabsetzung seiner Bezüge durch einen Änderungsvertrag zuzustimmen. Die Nichtherabsetzung kann eine Anfechtung nach sich ziehen: Commandeur u. Römer 2014, S. 175 f.

Masuch, Andreas. 2012. In *Kommentar zum GmbH-Gesetz,* Hrsg. Reinhard Bork und Carsten Schäfer, 2. Aufl. § 49 Rn. 10 ff. Köln: RWS.

Maus, Karl Heinz. 2009. In *Die GmbH in Krise, Sanierung und Insolvenz,* Hrsg. Karsten Schmidt und Wilhelm Uhlenbruck, 4. Aufl. Rn. 1.113 ff. Berlin: Schmidt.

Pauli, M., und C. Albrecht. 2014. Die Erfüllung gesetzlichen Risikomanagement – Anforderungen mit Hilfe von Risikomanagement-Informationssystemen. *Corporate Compliance Zeitschrift* 17.

Schmidt, Karsten. 2009. In *Die GmbH in Krise, Sanierung und Insolvenz,* Hrsg. Karsten Schmidt und Wilhelm Uhlenbruck, 4. Aufl. Rn. 1.20. Berlin: Schmidt.

Schuhmann, Helmut. 2009. *Der GmbH-Geschäftsführer und die Sorgfalt.* 535. Berlin: GmbH-Rundschau.

Theusinger, Ingo, und Jens Liese. 2008. Besteht eine Rechtspflicht zur Dokumentation von Risikoüberwachungssystemen i. S. d. § 91 Abs. 2 S. 1 AktG? *Neue Zeitschrift für Gesellschaftsrecht* 289.

Wilden, Patrick. 2014. *Restrukturierung, Sanierung, Insolvenz,* Hrsg. Andrea K. Buth und Michael Hermanns, 4. Aufl. § 1 Rn. 17 ff. Berlin: Schmidt.

von Woedtke, Niclas. 2013. Entwicklung der GmbH-Geschäftsführerhaftung in der neueren Rechtsprechung. *Neue Zeitschrift für Gesellschaftsrecht* 484.

4 Unternehmensführung und Finanzierungsverantwortung des Geschäftsführers in der Krise

4.1 (Selbst-)Information im Drittinteresse

Der Geschäftsführer verwaltet fremdes Vermögen (Gräfe et al. 2014, Rn. 710). Dementsprechend führt er seine Aufgaben und Verpflichtungen nicht lediglich aufgrund seines Anstellungsverhältnisses nur gegenüber der Gesellschaft als Arbeitgeber aus, sondern er ist auch den Gesellschaftern und im Weiteren auch den Gläubigern der Gesellschaft verpflichtet.

Um diesen Verpflichtungen ausreichend nachzukommen, obliegt es dem Geschäftsführer, diese „Dritten" umfassend und kontinuierlich über die wirtschaftliche Lage des Unternehmens zu unterrichten.

Deshalb hat der Geschäftsführer u. a. nach § 49 Abs. 2 GmbHG eine Gesellschafterversammlung „in den ausdrücklich bestimmten Fällen" einzuberufen oder „wenn es im Interesse der Gesellschaft erforderlich erscheint", z. B.

- im Fall der Übertragung oder Veräußerung wesentlicher Vermögenswerte der Gesellschaft[1] oder bei Geschäften, die nach Größe und Bedeutung, insbesondere der finanziellen Belastung, über den originären Geschäftsbetrieb der Gesellschaft hinausgehen (Geißler 2010, S. 457 ff.)[2].
- im Fall einer Unternehmenskrise, auch wenn die Voraussetzungen des § 49 Abs. 3 GmbHG – Verlust des hälftigen Stammkapitals – noch nicht erfüllt sind (Bayer 2012, § 49 Rn. 13). Die Einberufung aufgrund des Verlustes des hälftigen Stammkapitals trifft den Geschäftsführer nicht erst, wenn sich der Verlust aus der Jahresbilanz oder Zwischenbilanz ergibt, sondern den Geschäftsführer trifft die Pflicht, ggf. auch ad hoc für eine Bilanz zu sorgen, wenn dies aufgrund der Vermögens- und Liquiditätslage erforderlich ist (Geißler 2011, S. 309 f.).

---

[1] OLG Hamburg v. 28.6.1991 – 11 U 148/90, DB 1991, 1871 = ZIP 1991, 1430.

[2] BGH v. 5.12.1983 – II ZR 56/82, GmbHR 1984, 96.

- **„ausdrücklich bestimmte Fälle"** sind im Übrigen die sich aus dem Gesetz ergebenden,
  - §§ 49 Abs. 3, 50 Abs. 1 GmbHG
  - die Bestimmungen des Umwandlungsrechts in den §§ 13 Abs. 1 S. 2, 125 S. 1, 193 Abs. 1 S. 2 UmwG
  - § 5a Abs. 4 GmbHG bei drohender Zahlungsunfähigkeit der UG (haftungsbeschränkt) (Geißler 2010, S. 457 ff.).

4.2 Solvenztest und Unternehmenskontrolle

Dem Geschäftsführer obliegt eine umfassende Verantwortung in Gestalt ständiger Solvenzprüfungspflichten. Diese setzen als Governance-Regeln (als Corporate Governance wird der rechtliche und faktische Ordnungsrahmen für die Leitung und Überwachung eines Unternehmens verstanden; die Corporate Governance-Regeln sind infolge der Weiterentwicklung des § 91 Abs. 2 AktG entstanden; Maus 2009, Rn. 1.115) im Rahmen der Geschäftsführerverantwortlichkeit nach § 43 GmbHG schon vor der Insolvenzantragspflicht des § 15a InsO, also vor Zahlungsunfähigkeit und/oder Überschuldung ein.

Zu diesen Solvenzprüfungspflichten gehören eine transparente Finanzplanung und auch Solvenztests nach § 64 GmbHG.

Beim bzw. durch den **Solvenztest** soll der Geschäftsführer vor einer Auszahlung (Ausschüttung) an die Gesellschafter prüfen, ob die Gesellschaft zu einem bestimmten Zeitpunkt **nach** erfolgter Auszahlung gleichwohl noch in der Lage sein wird, ihre zukünftigen Zahlungsverpflichtungen zu erfüllen (Engert 2006, S. 296; Kuhner 2005, S. 753; Pellens et al. 2005, S. 1393; Teichmann 2006, S. 2444 ff.; Scholz 2008, S. 145 ff.). Insoweit geht der Solvenztest über das generelle Auszahlungsverbot des § 30 Abs. 1 GmbHG hinaus, weil der Solvenztest eine wesentlich gründlichere Analyse der realen Vermögenswerte und Zahlungsströme erfordert (Teichmann 2006, S. 2444 ff.).

Für den Solvenztest spricht in jedem Fall, dass jeder Kaufmann schon im eigenen Interesse laufend Liquiditäts- und Umsatzplanungen vornimmt oder jedenfalls vornehmen sollte.

Wer als Geschäftsführer gegen diese Regeln verstößt, verletzt nicht nur Vertragspflichten, sondern auch seine koorporativen Pflichten nach § 43 GmbHG. Auch kann die Satzung einer auf Fremdgeschäftsführung angelegten GmbH diese Pflicht noch verschärfen. Sie kann z. B. die Installation eines Warnsystems vorsehen und den Geschäftsführer Berufspflichten, etwa in Gestalt von Quartalsberichten, auch hinsichtlich der Finanzplanung auferlegen.

Der BGH[3] fordert vom Geschäftsführer insbesondere bei krisenhaften Anzeichen zur Vermeidung einer Haftung für eine Organisation zu sorgen, die ihm jederzeit die erforderliche Übersicht über die wirtschaftliche und finanzielle Situation der Gesellschaft ermöglicht (Gräfe et al. 2014, Rn. 710).

---

[3] BGH v. 19.6.2012 – II ZR 243/11, NZI 2012, 812 = ZIP 2012, 1557 = GmbHR 2012, 967.

Zur laufenden Kontrolle eignen sich insbesondere die nachfolgend dargestellten Methoden.

4.2.1 Bilanzanalyse/Analyse der Gewinn- und Verlustrechnung

Durch den laufenden Vergleich der verschiedenen Positionen von Bilanz und Gewinn- und Verlustrechnung der letzten Rechnungsperioden untereinander, ggf. mittels daraus gebildeter Kennzahlen wie z. B. Eigenkapitalausstattung, Verschuldensgrad, Zinsdeckung und Liquidität sowie mit den durchschnittlichen Branchenvergleichsdaten lassen sich Unternehmenskrisen zumindest im Stadium der Erfolgskrise identifizieren (Maus 2009, Rn. 1.74).

Neben den Zahlen aus dem Bereich der Kapitalausstattung geben auch andere bilanzielle Veränderungen mehr oder weniger deutliche Hinweise auf eine mögliche Unternehmenskrise, z. B. die Erhöhung der kurzfristigen Verbindlichkeiten, Umschichtungen im Umlaufvermögen zu Gunsten von Forderungen aus Lieferung und Leistungen oder zu Gunsten von Lagerbeständen an Fertigerzeugnissen.

Besonders hinzuweisen ist hierbei auf den Grundsatz der **verlustfreien Bewertung** (Dusemond u. Kessler 2001, S. 44 f.). Die Praxis zeigt, dass negative Jahresergebnisse oft mit der Erhöhung von Vorratsvermögen egalisiert werden, was im Ergebnis die Nichtigkeit des gesamten Jahresabschlusses zur Folge haben kann (Brete u. Thomsen 2008, S. 176).

Ebenso lässt der aus der Gewinn- und Verlustrechnung zu erkennende Rückgang von Umsatz verbunden mit dem Rückgang des ordentlichen betrieblichen Erfolges (ggf. verbunden mit der Erhöhung des Anteils außerordentlicher Erträge am Gesamtergebnis oder der Verminderung der Abschreibungsquote) eine Unternehmenskrise erkennen (Wellensiek u. Schluck-Amend 2009, Rn. 1.77).

4.2.2 Betriebliche Statistik

Neben der Analyse des finanzwirtschaftlichen Bereichs ist ebenfalls die Untersuchung leistungswirtschaftlicher Daten wichtig, um Schlussfolgerungen über die Erfolgs- und Risikopotenziale eines Unternehmens zu ziehen. Hier spielt für die Unterstützung der Geschäftsleitung das interne Rechnungswesen eine entscheidende Rolle. Insbesondere sollten die Daten aus dem Beschaffungs-, Produktions-, Absatz- und Logistikbereich des Unternehmens anhand von Kennzahlen statistisch aufbereitet und ausgewertet werden.

4.2.3 Unternehmensplanung

Die Finanzanalyse und betriebliche Statistik geben ausschließlich Aufschluss über **vergangenheitsbezogene** Informationen.

Um frühzeitig Fehlentwicklungen von Unternehmen erkennen zu können, bedarf es eines ständigen Soll/Ist-Vergleichs auf Basis einer detaillierten Unternehmensplanung. Unternehmensplanung ist die Vorgabe der Unternehmensaktivitäten im strategischen und operativen Bereich. Anhand der Unternehmensplanung sollen konkrete Schritte vorausgeplant werden, die zur Erreichung der angestrebten Ziele des Unternehmens erforderlich sind. Ob eine Zielverwirklichung für die Zukunft möglich ist bzw. ob ggf. Korrekturen vorzunehmen sind, muss auf Grundlage des Controllings erfolgen. Die Unternehmensplanung sollte in rechtlicher Hinsicht die Trias der Planerstellung, Planüberwachung und Planadjustierung umfassen. Die Trias ist als Einheit gedacht und sollte auch so verstanden werden (Kuss 2009, S. 326 ff.).

4.2.4 Analyse der wirtschaftlichen und rechtlichen Unternehmensumwelt

Schließlich sollte auch eine Analyse der wirtschaftlichen und rechtlichen Unternehmensumwelt stattfinden. Nur durch die genaue Beobachtung des wirtschaftlichen Umfeldes des Unternehmens lassen sich ankündigende Veränderungsprozesse frühzeitig erkennen, um ausreichend Zeit zur Reaktion für einzuleitende Gegenmaßnahmen zu haben.

Wie wichtig die Beobachtung der Unternehmensumwelt ist, zeigt das Beispiel General Motors. Fast jeder Automobilhersteller hat sich auf die Entwicklung und Herstellung von Automobilen mit geringerem Verbrauch und geringem CO_2-Ausstoß eingestellt. Diese Entwicklung hatte General Motors mehr oder weniger „verschlafen" und somit dürfte hierin auch (neben den Problemen der Pensionszahlungen, etc.) ein Grund für den rapiden Abstieg des ehemals größten Automobilherstellers der Welt zu sehen sein.

4.3 Liquiditätsvorsorge

Zeichnet sich eine Liquiditätskrise ab, bleibt meist nicht mehr viel Zeit, eine Insolvenz zu vermeiden. Zwar verpflichtet eine nur vorübergehende Zahlungsstockung nicht zur Insolvenzantragstellung, da eine Zahlungsstockung noch keine Zahlungsunfähigkeit gem. § 17 InsO begründet (Beck 2010, § 1 Rn. 23; Kirchhof 2014, § 17 Rn. 15 f.).

Jedoch hat der BGH mit Urteil vom 24.5.2005[4] für die Abgrenzung der Zahlungsstockung von der Zahlungsunfähigkeit klare Grenzen gezogen und den Zeitraum der bloßen Zahlungsstockung eingeengt.

Hiernach ist eine bloße Zahlungsstockung anzunehmen, wenn der Zeitraum nicht überschritten wird, den eine kreditwürdige Person benötigt, um sich die benötigten Mittel zu leihen. Dafür erscheinen **drei Wochen** erforderlich, aber auch ausreichend. Beträgt eine innerhalb von drei Wochen nicht zu beseitigende Liquiditätslücke des Schuldners weniger

---

[4] BGH v. 24.5.2005 – IX ZR 123/04, NJW 2005, 3062 = DB 2005, 1787 = GmbHR 2005, 1117.

als 10 % seiner fälligen Gesamtverbindlichkeiten, ist regelmäßig von Zahlungsfähigkeit auszugehen, es sei denn, es ist bereits absehbar, dass die Lücke demnächst mehr als 10 % erreichen wird. Beträgt die Liquiditätslücke 10 % oder mehr, ist regelmäßig von Zahlungsunfähigkeit auszugehen, sofern nicht ausnahmsweise mit an Sicherheit grenzender Wahrscheinlichkeit zu erwarten ist, dass die Liquiditätslücke demnächst vollständig oder fast vollständig beseitigt werden wird und den Gläubigern ein Zuwarten nach den besonderen Umständen des Einzelfalls zuzumuten ist.

Der BGH macht in vorgenanntem Urteil deutlich, dass auch bei geringen Liquiditätslücken eine Insolvenz zu vermeiden ist. Hierzu führt er aus, dass das Geschäftsleben in weiten Teilen dadurch gekennzeichnet sei, dass sich Phasen mit guter Umsatz- und Ertragslage und wirtschaftliche Flauten abwechseln. Insbesondere Unternehmen auf saisonalen Wirtschaftssektoren (Bauwirtschaft, Fremdenverkehr, Hersteller typischer Saisonkleidung wie Bademoden, Wintersportgeräte) müssen mit solchen wirtschaftlichen Engpässen rechnen. Dementsprechend müssen solche Unternehmen zu guten Zeiten eine finanzielle Risikovorsorge anlegen.

Das BGH-Urteil zeigt deutlich, dass Liquiditätsvorsorge im Rahmen eines Finanzmanagements für das wirtschaftliche Überleben eines Unternehmens schon vor einer Krise beginnen muss. In einer Liquiditätskrise mag es i. S. d. BGH einer bankbekannten und kreditwürdigen Person gelingen, ausreichende Fremdmittel zu bekommen. Jedoch stellt sich die Frage, in wie vielen Fällen die Unternehmen in einer bestehenden Liquiditätskrise noch als kreditwürdig angesehen werden. Meistens kann den potenziellen Kreditgebern keine ausreichende Planung für die Rückzahlung der neuen Fremdmittel vorgelegt werden.

Folglich sollte die Sicherung der Liquidität (Ley 2009, S. 283) immer im Focus jeden Unternehmens stehen. Die **Liquiditätssicherung** ist die absolute **Kernaufgabe** des Finanzmanagements (Eilers et al. 2014) und für existenzielle Sicherung des Unternehmens unabdingbar.

Die Sicherung der Liquidität beginnt mit strategischen finanzwirtschaftlichen Entscheidungen. Hierbei bildet die Finanzierungsstrategie innerhalb der Finanzarchitektur des Unternehmens das Fundament der Liquiditätssicherung.

Des Weiteren ist auch die Finanzierungspolitik, mit der die Instrumente der Finanzierung ausgewählt werden, von entscheidender Bedeutung. Die Finanzierungspolitik beinhaltet alle Maßnahmen zur Gestaltung einer stabilen und flexiblen Finanzierung.

Das Finanzmanagement lässt sich in strategisch langfristige und operativ kurzfristige Liquiditätsplanung aufteilen. Dementsprechend sollte das langfristige Anlagevermögen auch mit Eigenkapital und langfristigen Verbindlichkeiten und nicht aus dem Cashflow finanziert werden.

Ziele des Finanzmanagements sind für Unternehmen jeder Größenordnung und Branche die Sicherung

- der Liquidität i. S. von Zahlungsfähigkeit,
- die finanzielle Unabhängigkeit und
- den finanziellen Handlungsspielraum.

Wenn tatsächlich bereits eine Liquiditätskrise besteht, können z. B. für die akute Liquiditätssicherung folgende Empfehlungen gegeben werden:

- Verkauf von Vermögensgegenständen des Anlagevermögens (Sale-and-Lease-back-Verträge),
- Verkauf von Forderungen (Factoring),
- Verkauf eventuell von Unternehmensteilen,
- Senkung von Auszahlungen durch Kurzarbeit,
- Senkung von Auszahlungen durch Stundungen bei Kreditinstituten, Lieferanten,
- Versuch, die Kreditlinie zu erhöhen,
- daneben lässt sich Liquidität durch Beiträge der Gesellschafter herstellen, z. B.:
  - Nachschüsse
  - Kapitalherabsetzung bei gleichzeitiger Kapitalerhöhung

Literatur

Bayer, Walter. 2012. In *GmbH-Gesetz,* Hrsg. Marcus Lutter und Peter Hommelhoff, 18. Aufl. § 49 Rn. 13 ff. Köln: RWS.

Beck, Siegfried. 2010. In *Praxis der Insolvenz,* Hrsg. Siegfried Beck und Peter Depré, 2. Aufl. § 1 Rn. 23. München: Vahlen.

Brete, Raik, und Michael Thomsen. 2008. Nichtigkeit und Heilung von Jahresabschlüssen der GmbH. *GmbH-Rundschau* 176.

Dusemond, Michael, und Harald Kessler. 2001. *Rechnungslegung kompakt.* 2. Aufl. 2001 44 f. München: Oldenbourg.

Eilers, Stephan, Adalbert Rödding, und Dirk Schmalenbach. 2014. *Unternehmensfinanzierung.* München: Beck.

Engert, Andreas. 2006. Solvenzanforderungen als gesetzliche Ausschüttungssperre bei Kapitalgesellschaften. *Zeitschrift für das gesamte Handelsrecht und Wirtschaftsrecht* 296.

Geißler, Markus. 2010. Die gesetzlichen Veranlassungen zur Einberufung einer GmbH-Gesellschafterversammlung. *GmbH-Rundschau* 457 ff., 461.

Geißler, Markus. 2011. Verhaltensmaßnahmen und Rechtspflichten des Geschäftsführers in der Krise der GmbH. *Deutsche Zeitschrift für Wirtschafts- und Insolvenzrecht* 309 f.

Gräfe, Jürgen, Rolf Lenzen, und Andreas Schmeer. 2014. *Steuerberaterhaftung.* 5. Aufl. Rn. 710. München: Beck.

Kirchhof, Hans-Peter. 2014. In *Heidelberger Kommentar zur Insolvenzordnung,* Hrsg. Gerhart Kreft, 7. Aufl. § 17 Rn. 15 ff. Karlsruhe: Müller.

Kuhner, Christoph. 2005. Zur Zukunft der Kapitalerhaltung durch bilanzielle Ausschüttungssperren im Gesellschaftsrecht der Staaten Europas. *Zeitschrift für Unternehmens- und Gesellschaftsrecht* 753.

Kuss, Ehrenfried. 2009. Rechtliche Aspekte der Sanierung für die Unternehmensleitung und den Sanierungsberater. *Wirtschaftsprüfung* 326 ff.

Ley, Dirk. 2009. Moderne finanzwirtschaftliche Instrumente der Liquiditätssicherung. *Wirtschaftsprüfung* 283.

Maus, Karl Heinz. 2009. In *Die GmbH in Krise, Sanierung und Insolvenz,* Hrsg. Karsten Schmidt und Wilhelm Uhlenbruck. 4. Aufl. Rn. 1.74., 1.115. Berlin: Schmidt.

Pellens, Bernhard, Dirk Jödicke, und Marc Richard. 2005. Solvenztest als Alternative zur bilanziellen Kapitalerhaltung. *Der Betrieb* 1393.
Scholz, Alexandra. 2008. *Kapitalerhaltung durch Solvenztests*. 145 ff. Wiesbaden: Gabler.
Teichmann, Christoph. 2006. Reform des Gläubigerschutzes im Kapitalgesellschaftsrecht. *Neue Juristische Wochenschrift* 2444 ff.
Wellensiek, Jobst, und Alexandra Schluck-Amend. 2009. In *Die GmbH in Krise, Sanierung und Insolvenz,* Hrsg. Karsten Schmidt und Wilhelm Uhlenbruck, 4. Aufl. Rn. 1.77. Berlin: Schmidt.

Haftungsrisiken für Geschäftsführer und Berater 5

5.1 Haftungsrisiken für den Geschäftsführer

Für den Geschäftsführer bestehen im Rahmen der Unternehmensführung und Finanzierungsverantwortung – auch außerhalb einer Krisensituation – umfangreiche zivilrechtliche und strafrechtliche Haftungsrisiken.

Zivilrechtlich zu unterscheiden ist die Haftung des Geschäftsführers im Innen- und Außenverhältnis (Strohn 2009, S. 1417; Spliedt 2008, § 2 Rn. 41 ff.).

Innenverhältnis (Schadensersatzanspruch gegen den Geschäftsführer aus Treuepflicht und/oder Dienstvertrag)

- Ein Verstoß gegen die Verpflichtung zur ordnungsgemäßen Geschäftsführung löst gemäß § 43 Abs. 2 GmbHG Schadensersatzansprüche der Gesellschaft gegenüber dem Geschäftsführer aus (Kleindiek 2012, § 43 Rn. 1[1]).

Außenverhältnis

- aufgrund vertraglicher Ansprüche
- Der Geschäftsführer kann wegen vertraglicher Pflichtverstöße dem Geschäftspartner auf Schadensersatz aus § 280 Abs. 1 BGB i. V. m. einem Vertrag (Kaufvertrag, Werkvertrag, Darlehensvertrag, Dienstvertrag, etc.) haften. Der Geschäftspartner ist hierbei so zu stellen, wie er ohne die Pflichtverletzung des Geschäftsführers stünde (Kleindiek 2012, § 43 Rn. 71 ff.).
- aufgrund deliktischer Ansprüche (unerlaubte Handlung)[2]

---

[1] § 43 GmbHG normiert ausschließlich die sog. Organinnenhaftung, **nicht** die Außenhaftung gegenüber Dritten.

[2] Anders OLG Rostock v. 16.2.2007 – 8 U 54/06, GmbHR 2007, 762 wonach ein GmbH-Geschäftsführer nur im Innenverhältnis haftet, auch wenn eine Haftung aus unerlaubter Handlung in Betracht

Des Weiteren besteht eine allgemeine deliktische Haftung des Geschäftsführers nach § 823 Abs. 1 BGB. Der Geschäftsführer ist im Rahmen seiner Organstellung verpflichtet, die Rechtsgüter Dritter zu achten und zu schützen. Danach haftet er auch für vermeidbare Verstöße seiner Mitarbeiter, soweit er diese nicht ordnungsgemäß überwacht hat oder aus Garantenstellung für Anlagen des Unternehmens, soweit er nicht alles Notwendige und Zumutbare getan hat, um eine Rechtsverletzung der Rechtsgüter Dritter auszuschließen. Dies gilt immer dann, wenn für den Geschäftsführer eine Pflicht zum Handeln bestanden hat (Scherer u. Fruth 2009). Verletzt der Geschäftsführer diese Pflichten im Rahmen seiner Tätigkeit vorsätzlich oder fahrlässig, haftet er neben der GmbH als Gesamtschuldner auf Schadensersatz[3].

Darüber hinaus kommt für den Geschäftsführer eine Haftung aus § 823 Abs. 2 BGB i. V. m. einem Schutzgesetz in Betracht. § 823 Abs. 2 BGB stellt im Rahmen der Geschäftsführerhaftung eine Schadensersatzpflicht für die Fälle auf, in denen der Geschäftsführer gegen eine gesetzliche Vorschrift verstößt, die den Schutz eines anderen bezweckt. Zum Beispiel ist § 15a InsO ein Schutzgesetz i. S. d. § 823 Abs. 2 BGB, weil die Insolvenzantragspflicht dazu dienen soll, dass einzelne oder einzelne Personenkreise (Gläubiger) gegen die Verletzung ihrer Rechtsgüter (konkret Vermögen) geschützt werden sollen (Wagner 2012, § 823 Rn. 331[4]).

Auch kann den Geschäftsführer eine Haftung aufgrund vorsätzlicher sittenwidriger Schädigung gem. § 826 BGB treffen. Der Geschäftsführer haftet gegenüber den Gläubigern persönlich, wenn er in Kenntnis der desolaten wirtschaftlichen Lage der Gesellschaft Verträge abschließt, jedoch aufgrund der Umstände des Vertrages erkennen musste, dass das Verlustrisiko einseitig auf die Gläubiger verlagert wird (Scherer u. Fruth 2009, Rn. 236)[5].

Zu den strafrechtlichen Haftungsrisiken des Geschäftsführers wird insbesondere auf die Ausführungen unten in Abschn. 7.5 verwiesen.

---

kommt. Eine Garantenstellung des GmbH-Geschäftsführers gegenüber geschädigten Dritten kann sich nur aus besonderen Umständen des Einzelfalls ergeben. Eine Verletzung der ihm gegenüber der Gesellschaft obliegenden Geschäftsführungs- und Organisationspflichten kann seine deliktische Haftung im Außenverhältnis nicht begründen.

[3] Ferner besteht z. B. auch eine persönliche Geschäftsführerhaftung aus Delikt für Verkehrssicherungspflichtverletzung, vgl. OLG Stuttgart v. 29.4.2008 – 5 W 9/08, NJW 2008, 2514 = VersR 2008, 1357.

[4] Drittschützende Strafgesetze, die das Verhalten von Unternehmen regulieren, rechnen über § 14 StGB die Pflichten der Gesellschaft dem Organ zu und machen das Organ – typischerweise den Geschäftsführer – zum Haftungssubjekt. Daneben ist über § 31 StGB die Verantwortlichkeit des kooperativ verfassten Unternehmens begründet (§ 840 Abs. 1 BGB).

[5] Siehe aber zum rechtmäßigen Alternativverhalten/Reserveursache des Schadens: BGH v. 18.12.2007 – VI ZR 231/06, BGHZ 175, 58 = GmbHR 2008, 315 = BB 2008, 517 (Insolvenzgeld der Bundesagentur für Arbeit); abweichend, aber im Ergebnis ähnlich LG Stuttgart v. 13.6.2008 – 15 O 228/07, ZIP 2008, 1428.

5.2 Haftungsrisiken für den Berater

Ebenso wie den Geschäftsführer oder besser parallel zu diesem, treffen den Steuerberater umfangreiche zivilrechtliche und strafrechtliche Haftungsrisiken, auch in Form der Innen- und/oder Außenhaftung.

Eine **Innenhaftung** kommt gegenüber dem Mandanten in Betracht.

Der Berater haftet hierbei grundsätzlich aus § 280 Abs. 1 BGB i. V. m. dem Beratungs- bzw. Mandatsvertrag.

Die Haftung gilt nicht nur für **eigenes Verschulden** (Vorsatz oder Fahrlässigkeit, § 276 BGB), sondern **immer** auch für das Verschulden des **gesetzlichen Vertreters oder gesetzlicher Vertreter oder Erfüllungsgehilfen** (§ 278 BGB), also auch für angestellte Hilfskräfte (Heinrichs 2015, § 276 Rn. 2 ff., § 278 Rn. 1 ff.).

Des Weiteren können den Berater Schadensersatzansprüche aus § 823 Abs. 1 BGB oder auch aus § 823 Abs. 2 BGB i. V. m. einem Schutzgesetz treffen.

Eine **Außenhaftung** kommt gegenüber Dritten in Frage, z. B. gegenüber Kreditinstituten oder auch dem Geschäftsführer einer GmbH. Hierzu wird vor allem auf Abschn. 7.4.4 verwiesen.

Zu den strafrechtlichen Haftungsrisiken des Beraters wird auf die Ausführungen unten unter Abschn. 7.5.2 verwiesen.

Exkurs: keine Hinweispflicht auf Fehler des Vorberaters
Ohne ein gesondertes Mandat bzw. ohne ausdrückliche Beauftragung ist der Steuerberater nicht verpflichtet, Regressmöglichkeiten bzw. deren Verjährung gegen den Vorberater zu prüfen bzw. auf solche Ansprüche hinzuweisen[6]. Dies soll nach OLG Schleswig-Holstein selbst dann gelten, wenn für den Steuerberater die Fehlbeurteilung des Vorberaters klar erkennbar ist. Für den Rechtsanwalt gelte dies hingegen nicht, denn die Verfolgung von Regressansprüchen ist dem Zivilrecht zuzuordnen und zähle deshalb zu den Kernaufgaben eines Rechtsanwalts.

Literatur

Heinrichs, Helmut. 2015. *Palandt. Bürgerliches Gesetzbuch*. 74. Aufl. § 276 Rn. 2 ff., § 278 Rn. 1 ff. München: Beck.

Kleindiek, Detlef. 2012. In *GmbH-Gesetz,* Hrsg. Marcus Lutter und Peter Hommelhoff. 18. Aufl. § 43 Rn. 1, 62 ff. Köln: RWS.

Scherer, Josef, und Klaus Fruth. 2009. *Geschäftsführer-Compliance*. Rn. 149 f., 236. Berlin: Schmidt.

Spliedt, Jürgen D. 2008. In *Anwaltshandbuch Insolvenzrecht,* Hrsg. Hans P. Runkel, Michael Dahl, Vera Drees und Achim Frank. 2. Aufl. § 2 Rn. 41 ff. Berlin: Schmidt.

Strohn, Lutz. 2009. Geschäftsführerhaftung als Innen- und Außenhaftung. *ZInsO – Zeitschrift für das gesamte Insolvenzrecht* 1417.

Wagner, Claus. 2012. *Münchener Kommentar zur Insolvenzordnung*. 6. Aufl. § 823 Rn. 331. München: Beck.

---

[6] OLG Schleswig-Holstein v. 18.7.2014 – 17 U 21/14, Stbg 2015, 89 m. Anm. Pestke.

Kapitalerhaltung und Ausschüttungsverbot 6

6.1 Grundzüge der Kapitalaufbringung und Kapitalerhaltung – Kapitalverfassung von AG und GmbH

6.1.1 Kapitalaufbringung bei der GmbH

Die wichtigsten Quellen der Selbstfinanzierung[1] der GmbH sind

- die Einlagen der Gesellschafter (Einzahlung auf das Stammkapital) und
- die erwirtschafteten Gewinne.

Neben den Einlagen auf den Geschäftsanteil können im Gesellschaftsvertrag weitere Beitrags- bzw. Finanzierungspflichten – Nebenleistungs- und Nachschusspflichten – vereinbart werden. Dies ist deshalb von nicht unerheblicher Bedeutung, weil der GmbH der freie Kapitalmarkt im Gegensatz zur AG an der Börse, verschlossen ist.

Nachschüsse können konstitutiv durch den Gesellschaftsvertrag festgelegt werden, auch nachträglich, dann aber nur mit Zustimmung der Gesellschafter und Nachschüsse sind zwingend in Geld zu erbringen. Nachschüsse stellen flexibles Eigenkapital dar und unterliegen – was vorteilhaft ist – nicht den strengen Regeln des Stammkapitals (Mayer 2009, § 20 Rn. 14 ff.).

Die Vorschriften über Kapitalaufbringung und -erhaltung dienen im Weiteren vor allem auch dem Schutz der Gläubiger, da eine persönliche Haftung der Gesellschafter (bei gesetzeskonformen Handeln) nicht besteht und die GmbH lediglich mit ihrem Gesellschaftsvermögen haftet, § 13 Abs. 2 GmbHG.

---

[1] Siehe zur offenen und stillen Selbstfinanzierung Becker 2013, S. 242 ff.

Die Festlegung des Stammkapitals und der Geschäftsanteile gehört zu den zwingenden Bestimmungen des Gesellschaftsvertrages der GmbH. Ohne diese Festlegungen darf die Gesellschaft nicht in das Handelsregister eingetragen werden. Die Geschäftsanteile können nicht in nur in bar (Geldeinlagen), sondern auch als Sacheinlagen erbracht werden. Bei **Sacheinlagen** ist jedoch zu beachten, dass sie bereits bei der Anmeldung **voll geleistet** sein müssen und dass die Bewertung Schwierigkeiten bereiten kann; praxisrelevant auch in sog. Einbringungsfällen.

Das Stammkapital dient der Aufbringung und Erhaltung des Gesellschaftsvermögens und stellt das Mindestanfangsvermögen, das die Gesellschafter auf ihre Geschäftsanteile aufzubringen haben, dar. Die Summe der von den Gesellschaftern übernommenen Geschäftsanteile muss stets gleich dem des Stammkapitals sein (§ 5 Abs. 3 GmbHG).

Das zur Erhaltung des Stammkapitals erforderliche Vermögen darf nicht an die Gesellschafter ausgeschüttet werden (Rückzahlungsverbot, §§ 30, 31 GmbHG).

Das Stammkapital ist eine auf Euro lautende feste Größe und wird in der Satzung ausdrücklich festgelegt. Abgesehen von dem vorgeschriebenen Mindestbetrag von 25.000 € steht die Bestimmung der Höhe des Stammkapitals im freien Ermessen der Gesellschafter. Eine Pflicht zur Festsetzung eines dem Gesellschaftszweck und Gesellschaftsumfang „angemessenen Stammkapitals" besteht nicht.

Im Zusammenhang mit der Erbringung der Einlagen durch die Gesellschafter ist es zwingend notwendig, dass die Leistungen auf die Einlagen so erbracht werden, dass sie sich endgültig in der **freien Verfügbarkeit** der Geschäftsführer befindet (§ 8 Abs. 2 GmbHG).

Freie Verfügbarkeit bedeutet, dass die Einlage – Bar- und/oder Sacheinlage – völlig aus dem Herrschaftsbereich des Einlegers ausgeschieden ist und der Gesellschaft auf Dauer ohne Beschränkungen und Vorbehalte zugeflossen ist[2].

Nachfolgend soll anhand einiger Rechtsprechungsentscheidungen aufgezeigt werden, ob bzw. wann eine wirksame Leistung auf das Stammkapital der GmbH vorliegt:

- Kann eine Überweisung mehreren Verbindlichkeiten zugeordnet werden und hat der Gesellschafter keine ausdrückliche Tilgungsbestimmung getroffen, gilt die Einlage dennoch aufgrund stillschweigender Tilgungsbestimmung geleistet, wenn genau der geschuldete Betrag überwiesen wird[3].
- Wird umgekehrt mehr als der geschuldete Betrag überwiesen, kann jedoch die Zahlung eindeutig zugeordnet werden, da die Einlage die einzige geschuldete Leistung des Gesellschafters ist, so gilt die Einlage ebenfalls als geleistet[4].
- Zahlt ein Gesellschafter zur Abkürzung des Zahlungsweges direkt an einen Gläubiger der GmbH, so wird er von dem über die geleistete Anmeldungsmindesteinlage hinaus-

---

[2] Anschaulich BGH v. 18.2.1991 – II ZR 104/90, NJW 1991, 1754 = ZIP 1991, 511.

[3] BGH v. 17.9.2001 – II ZR 275/99, NJW 2001, 3781 = BB 2001, 2282 = GmbHR 2001, 1114.

[4] OLG München v. 27.4.2006 – 23 U 5655/05, BB 2006, 2210 = GmbHR 2006, 935 = DB 2006, 1720; siehe auch OLG Frankfurt v. 24.8.2009 – 13 U 137/09.

6.1 Grundzüge der Kapitalaufbringung und Kapitalerhaltung

gehenden Teil seiner Bareinlageschuld nur dann befreit, wenn dies auf Veranlassung der Gesellschaft geschah und die Gläubigerforderung vollwertig, fällig und liquide war[5].
- Eine Bareinlage kann nur dann durch Zahlung auf ein **debitorisches Konto** der GmbH wirksam geleistet werden, wenn der Geschäftsführer danach die Möglichkeit hat, über die eingezahlte Summe frei zu verfügen, sei es aufgrund innerhalb eines von der Bank eingeräumten Kreditrahmens oder stillschweigender Gestattung/Duldung der Bank[6]. **Nicht ausreichend** ist es hingegen, wenn die Bank den Debetsaldo wegen Überschreitens oder Fehlens einer Kreditlinie sofort mit der Gutschrift verrechnen kann[7].
- Zahlungen von Unterbeteiligten an der Stammeinlage auf ein Konto der GmbH befreien den Gesellschafter dann von seiner Verpflichtung zur Einzahlung der Einlage, wenn den Beteiligten bekannt war, dass die Zahlungen den Zweck hatten, neben der jeweils individuellen Verpflichtung der Unterbeteiligten gegenüber dem Gesellschafter auch dessen Stammeinlageverpflichtung gegenüber der GmbH zu erfüllen[8].
- Überweist der Gesellschafter seine Bareinlage auf ein Konto der GmbH und fließt dieser Betrag innerhalb weniger Tage wieder an den Gesellschafter zurück, so ist die Einlage nicht erbracht worden, da sie nicht endgültig zur freien Verfügung der Geschäftsführung gestanden hat[9].
- Vorstehendes gilt auch dann, wenn die Rückzahlung im Rahmen einer Treuhandkonstruktion erfolgt[10] oder wenn die Rückzahlung als Darlehen bezeichnet wird[11]. Solche Hin- und Herzahlung ist als einheitlicher, sich selbst neutralisierender Vorgang zu sehen; Treuhand- oder Darlehensvereinbarungen sind unwirksam.
- Hinsichtlich der Beweisführungslast für die Zahlung der Stammeinlage hat der BGH festgelegt, dass grundsätzlich der Gesellschafter für die Erbringung der Einlage beweispflichtig ist. Welches Beweismaß dabei aber für die mehr oder weniger lange zurückliegende Einzahlung zu fordern ist, sei eine Sache der tatrichterlichen Beurteilung und ist dadurch der Beurteilung durch den BGH weitgehend entzogen. So könne der

---

[5] OLG Naumburg v. 10.5.1999 – 7 W 24/99, NJW-RR 1999, 1641 = GmbHR 1999, 1037 = DB 1999, 1897.

[6] BGH v. 8.11.2004 – II ZR 362/02, NJW-RR 2005, 338 = GmbHR 2005, 229; Commandeur u. Frings 2010, S. 613 (auch zu BGH v. 25.1.2010 – II ZR 258/08, NZI 2010, 131).

[7] OLG Hamm v. 14.1.2004 – 8 U 32/03, ZIP 2004, 1427 = GmbHR 2005, 168.

[8] OLG Brandenburg v. 8.12.1999 – 7 U 140/99, NJW-RR 2000, 849 = GmbHR 2000, 238.

[9] BGH v. 22.3.2004 – II ZR 7/02, GmbHR 2004, 896 = DB 2004, 1199; BGH v. 17.9.2001 – II ZR 275/99, NJW 2001, 3781 = GmbHR 2001, 1114.

[10] BGH v. 9.1.2006 – II ZR 72/05, NJW 2006, 906 = GmbHR 2006, 306; BGH v. 16.1.2006 – II ZR 76/04, NJW 2006, 1736 = GmbHR 2006, 477.

[11] BGH v. 21.11.2005 – II ZR 140/04, NJW 2006, 509 = GmbHR 2006, 43; Klarstellung zu BGH v. 2.12.2002 – II ZR 101/02, NJW 2003, 825 = GmbHR 2003, 231; OLG Hamburg v. 19.11.2004 – 11 U 45/04, GmbHR 2005, 164 = DStR 2005, 801 = ZIP 2004, 2431 entgegen OLG Schleswig v. 27.5.2004 – 5 U 132/03, ZInsO 2004, 985 = ZIP 2005, 1358 = DZWIR 2004, 343.

Tatrichter den Nachweis aufgrund einer Gesamtbeurteilung unstreitiger oder erwiesener Indizien als geführt ansehen[12] (bilanzielle Betrachtungsweise).
- Die Privilegierung von Gesellschaftern mit Kleinbeteiligungen von weniger als 10 % des Stammkapitals, in § 39 Abs. 5 InsO geregelt (§ 32a Abs. 3 S. 2 GmbHG a. F.), ist nicht auf § 24 GmbHG anwendbar. In der Folge kann auch der Minderheitsgesellschafter zur Aufbringung des gesamten Stammkapitals herangezogen werden, wenn die Mitgesellschafter ihrer Einzahlungsverpflichtung nicht nachkommen oder nicht leistungsfähig sind[13].

6.1.2 UG haftungsbeschränkt

Im Gegensatz zur GmbH muss bei der UG haftungsbeschränkt das Stammkapital nach § 5a Abs. 2 GmbHG **vollständig** eingezahlt werden, **Sacheinlagen** sind **nicht** möglich[14]. Grund hierfür ist die Überlegung, dass die Gründer der UG die Höhe des Stammkapitals frei wählen können (Haack 2011, S. 2383; Weber 2009, S. 842).

Das Volleinzahlungsgebot und das Sacheinlageverbot gelten auch im Fall der **Kapitalerhöhung**, jedenfalls dann, wenn das Mindeststammkapital von 25.000 € gem. § 5 Abs. 1 GmbHG durch die Kapitalerhöhung (noch) nicht erreicht wird.

Wird das Stammkapital hingegen durch eine Sacheinlage auf das Mindeststammkapital nach § 5 Abs. 1 GmbHG erhöht bzw. dadurch erreicht, gilt das Sacheinlageverbot nach BGH v. 19.4.2011[15] nicht.

Demgegenüber soll dies für das Volleinzahlungsgebot nach OLG München v. 23.9.2010[16] nicht gelten.

6.1.3 Gründungsschwindel

Im Zusammenhang mit der Kapitalaufbringung ist auch auf die sog. Schwindeltatbestände des § 82 GmbHG hinzuweisen. § 82 GmbHG ist mit **allen Tatbestandsalternativen** Schutzgesetz i. S. d. § 823 Abs. 2 BGB (Kleindiek 2012, § 82 Rn. 31 ff.). Die Verlet-

---

[12] BGH v. 9.7.2007 – II ZR 222/06, NJW 2007, 3067 = GmbHR 2007, 1924 m. Anm. Kummer 2007, S. 243.

[13] OLG Hamm v. 26.1.2011 – I 8 U 142/10.

[14] Zur anwaltlichen Beratung bei der Gründung einer Unternehmergesellschaft (haftungsbeschränkt) siehe Miras 2013, S. 212.

[15] BGH v. 19.4.2011 – II ZB 25/10, NJW 2011, 1881 = NZI 2011, 547 m. Anm. Berninger, GmbHR 2011, S. 953; Haack, NWB 2011, S. 2383 (2385 f.).

[16] OLG München v. 23.9.2010 – 31 WX 149/10, NJW 2011, 464 m. abl. Anm. Klose, GmbHR 2010, S. 1210.

6.1 Grundzüge der Kapitalaufbringung und Kapitalerhaltung

zung der Vorschrift wird mit Freiheitsstrafe bis zu drei Jahren oder Geldstrafe geahndet. Schwindeltatbestände sind:

§ 82 Abs. 1 GmbHG
- Nr. 1 Gründungsschwindel[17]
- Nr. 2 Sachgründungsschwindel (Freitag u. Riemenschneider 2009, § 13 Rn. 34)
- Nr. 3, 4 Kapitalerhöhungsschwindel
- Nr. 5 Eignungsschwindel

§ 82 Abs. 2 GmbHG (Ransiek 2008, § 82 Rn. 116 ff.)
- Nr. 1 Kapitalherabsetzungsschwindel
- Nr. 2 Geschäftslagenschwindel oder Bilanzschwindel (subsidiär zu § 331 HGB; Müller-Gugenberger 2009, S. 578 ff.)

6.1.4 Kapitalerhaltung der GmbH

Das Ziel der Erhaltung des Stammkapitals wird durch ein System von Regelungen angestrebt, zu dem insbesondere das Auszahlungsverbot des § 30 Abs. 1 S. 1 GmbHG und die Beschränkungen beim Erwerb eigener Geschäftsanteile nach § 33 GmbHG gehören.

Im Rahmen der Änderungen, die durch das MoMiG erfolgten, ist das bis dahin geltende Kapitalersatzrecht mit Wirkung ab dem 01.11.2008 weggefallen[18].

Vor den Änderungen wurde ein gewährtes Gesellschafterdarlehen in der Krise des Unternehmens zu einem „eigenkapitalersetzenden Darlehen" umqualifiziert. Die Grundlagen waren in §§ 32a, 32b GmbHG geregelt. Diese Normen verhinderten die Rückzahlung eines in der Krise gewährten Darlehens bzw. stellten einen Rückzahlungsanspruch gegen den Gesellschafter für Darlehen sicher, die in der Krise zurückgezahlt wurden. Insbesondere dem Insolvenzverwalter war es dadurch möglich, zurückgezahlte Gesellschafterdarlehen wieder zur Masse zu ziehen.

Aufgrund der neuen Rechtslage kommt es nun nicht mehr darauf an, ob dem Gesellschafterdarlehen Eigenkapitalfunktion zukommt oder nicht (Exner 2010, § 16 Rn. 271[19]). Entscheidend ist nach § 135 Abs. 1 Nr. 2 InsO n. F. vielmehr, wann das Darlehen zurückgezahlt wurde. Ein Darlehen kann hiernach zurückgefordert werden, welches ein Jahr vor dem Antrag auf Eröffnung des Insolvenzverfahrens zurückgezahlt worden ist. Liegt

---

[17] Gründungsschwindel durch Falschangaben zum Stammkapital einer GmbH: BGH v. 29.9.2004 – 5 StR 357/04, wistra 2005, 68 m. Anm. Wegner, wistra 2005, S. 150.

[18] Zur Anwendung des bisherigen Eigenkapitalersatzrechts BGH v. 26.1.2009 – II ZR 260/07 „Gut Buschow", NJW 2009, 1277=BB 2009, 918=GmbHR 2009, 427 m. Anm. Blöse, GmbHR 2009, S. 430 u. Waclawik, DB 2009, S. 670.

[19] Auf das bisherige Tatbestandsmerkmal „kapitalersetzend" wird verzichtet.

die Zurückzahlung über dem Zeitraum von einem Jahr zurück, ist eine Zurückforderung ausgeschlossen[20].

Eine weitere Änderung ist durch § 39 Abs. 1 Nr. 5 InsO n. F. erfolgt[21]. Die Vorschrift erfasst neben Gesellschafterdarlehen nun auch „Forderungen aus Rechtshandlungen, die einem solchen Darlehen wirtschaftlich entsprechen". Durch diese Formulierung werden alle Nutzungen erfasst, die der Gesellschaft überlassen werden und wirtschaftlich der Gewährung eines Darlehens entsprechen, typischerweise die unentgeltliche oder verbilligte Grundstücksüberlassung an die Gesellschaft.

Zu § 39 Abs. 1 Nr. 5 InsO n. F. i. V. m. § 135 Abs. 1 Nr. 2 InsO hat der BGH entschieden, dass Darlehensforderungen oder gleichgestellte Forderungen eines Gesellschafters gegen eine Gesellschaft, die innerhalb eines Jahres vor Antrag auf Insolvenzeröffnung abgetreten und dann getilgt werden, dazu führen, dass sowohl der Gesellschafter, als auch der Zessionar im Falle der Insolvenzanfechtung als Gesamtschuldner haften[22].

Bedeutsam für die Anwendung des § 39 Abs. 1 Nr. 5 InsO ist zudem die Neuregelung in § 135 Abs. 3 InsO, gemäß der ein Aussonderungsanspruch des Gesellschafters für den der Gesellschaft überlassenen Gegenstand (bisher „eigenkapitalersetzende Nutzungsüberlassung"; De Bra 2014, § 135 Rn. 25) nicht geltend gemacht werden kann, wenn der Gegenstand für die Fortführung des Unternehmens von erheblicher Bedeutung ist[23]. Als Ausgleich hierfür erhält der Gesellschafter eine Vergütung. Die Höhe der Vergütung berechnet sich aufgrund der im letzten Jahr vor Verfahrenseröffnung geleisteten Vergütung. War der Gegenstand kürzer als ein Jahr dem Unternehmen zur Verfügung bzw. zum Gebrauch überlassen, so ist der Durchschnitt dieses Zeitraumes für die Vergütung maßgeblich.

6.1.5 Kapitalaufbringung bei der AG

Im Gegensatz zur GmbH beträgt der Mindestbetrag des Grundkapitals 50.000 € (§ 7 AktG). Der Betrag des Grundkapitals muss mit dem Gesamtbetrag aller auszugebenden Nennbetragsaktien oder dem auf die einzelnen Stückaktien entfallenden anteiligen Betrag identisch sein (§ 9 AktG, zum geringsten Ausgabebetrag, vgl. § 8 Abs. 2 und § 9 AktG).

Die Höhe des Grundkapitals ist in der Satzung der AG ebenfalls anzugeben (§ 23 Abs. 2 Nr. 3 AktG) und wird im Handelsregister eingetragen (§ 39 Abs. 1 S. 1 AktG). Entsprechendes gilt bei einer Kapitalerhöhung (§ 188 AktG).

---

[20] Zu fristgemäß gezahlten Nutzungsentgelten i. S. d. § 135 Abs. 1 Nr. 2 InsO siehe Henkel 2010, S. 220.

[21] Aktuell zu § 39 Abs. 1 Nr. 5 InsO: OLG Stuttgart v. 8.2.2012 – 14 U 27/11, Nichtzulassungsbeschwerde beim BGH unter IX ZR 32/12.

[22] BGH v. 21.3.2013 – IX ZR 32/12, NJW 2013, 2282=NZI 2013, 308 m. abl. Anm. Reinhard u. Schützler, ZIP 2013, 1889; kritisch auch Schniepp u. Hensel, BB 2015, 777.

[23] LG Kiel v. 25.3.2011 – 17 O 229/10, ZIP 2011, 968.

6.1 Grundzüge der Kapitalaufbringung und Kapitalerhaltung

Die Aufbringung des erforderlichen Grundkapitals stellt das (Aktien-)Gesetz in einer Vielzahl von Vorschriften sicher, die wesentlich strenger sind, als im GmbH-Recht. In den relevanten Vorschriften spiegelt sich das Prinzip des Grundsatzes der realen Kapitalaufbringung wider (Hüffer 2014, § 1 Rn. 11), vor allem durch

- Verbot der Stufengründung, §§ 2, 29 AktG,
- Verbot der Unterparieemission, § 9 Abs. 1 AktG,
- Satzungspublizität von Sondervorteilen, Gründungsaufwand und Sacheinlagen und -übernahmen, §§ 26, 27 AktG,
- Gründungsprüfung, §§ 32 ff. AktG.

6.1.6 Kapitalerhaltung bei der AG

Das Aktienrecht lässt nur die Ausschüttung des Bilanzgewinns der Gesellschaft zu – bei Vorhandensein einer entsprechenden Satzungsermächtigung für den Vorstand sowie dem Vorliegen der weiteren Voraussetzungen der §§ 57 Abs. 3, § 58 Abs. 4 AktG – im Einzelfall auch eine Abschlagszahlung an die Aktionäre (§ 59 AktG).

Das übrige Gesellschaftsvermögen ist gebunden und darf an die Aktionäre nicht ausgeschüttet werden. Es unterliegt insgesamt einem strengen Kapitalerhaltungsrecht.

Besonders hervorzuheben ist das Verbot, den Aktionären die Einlagen zurückzugewähren und das Verbot, Zinsen zuzusagen oder auszuzahlen, § 57 AktG[24].

Der Begriff „Rückgewähr der Einlagen" ist weit auszulegen. Hiernach sind alle Rechtsgeschäfte unzulässig, durch die einem Aktionär außerhalb der Verteilung des Bilanzgewinns und den gesetzlich zugelassenen Ausnahmen (Fleischer 2010, § 57 Rn. 9 ff.) ein nicht berechtigter Vorteil gewährt wird, auch nicht in verschleierter Form[25].

Anders als im GmbH-Recht (§ 30 GmbHG) ist also im Aktienrecht das gesamte Vermögen der Gesellschaft geschützt und nicht nur das zur Erhaltung des Grundkapitals notwendige. Was nicht zulässige Gewinnausschüttung oder zulässige Abschlagszahlung auf den Bilanzgewinn ist, stellt eine verbotene Ausschüttung von Gesellschaftsvermögen an die Aktionäre dar.

---

[24] Verbraucherschützende Schadensersatzansprüche sollen nach OLG Stuttgart v. 28.4.2008 – 5 U 6/08, NZG 2008, 748, Vorrang haben: wirbt z. B. eine AG mit der – aktienrechtlich unzutreffenden – Behauptung einer Kündigungsmöglichkeit, stehen Schadensersatzansprüche des Aktionärs der Kapitalerhaltung nicht entgegen.

[25] So OLG Koblenz v. 10.2.1977 – 6 U 847/75, DB 1977, 816 = BB 1977, 966.

6.2 § 30 GmbHG/§ 57 AktG

Das zur Erhaltung des Stammkapitals erforderliche Vermögen darf nicht an die Gesellschafter ausgezahlt werden (§ 30 Abs. 1 GmbHG)[26]. Zahlungen, die entgegen diesem Verbot erfolgt sind, müssen der GmbH zurückerstattet werden (§ 31 Abs. 1 GmbHG).

Ist die Zahlung von dem Empfänger nicht zu erlangen, haften die übrigen Gesellschafter nach dem Verhältnis ihrer Geschäftsanteile (§ 31 Abs. 3 GmbHG). Die Geschäftsführer sind den insoweit in Anspruch genommenen Gesellschaftern zum Ersatz verpflichtet (§ 31 Abs. 6 GmbHG); sie haften den Gesellschaftern gegenüber solidarisch.

Das Aktienrecht hingegen schützt durch § 57 AktG nicht nur das Grundkapital der AG, sondern auch z. B. nicht partizipierende Aktionäre vor verdeckten Gewinnausschüttungen bei Haftungsübernahme der AG[27].

Verstöße gegen das Verbot der Einlagenrückgewähr nach § 57 AktG führen nach (noch) h. M. zur Nichtigkeit i. S. d. § 134 BGB und sind deshalb zurückzuzahlen (Hüffer 2014, § 57 Rn. 32; Winter 2012, S. 1371)[28].

6.3 Haftungsrisiken für Geschäftsführer und Berater

Im Zusammenhang mit den zuvor beschriebenen Vorschriften besteht für den Geschäftsführer das Haftungsrisiko insbesondere im Rahmen seiner Geschäftsführerverantwortlichkeit nach § 43 Abs. 3 GmbHG.

Nach § 43 GmbHG obliegt dem Geschäftsführer hinsichtlich von ihm veranlasster und/oder zu veranlassender Zahlungen der Gesellschaft eine umfassende Verantwortlichkeit in Gestalt ständiger Solvenzprüfungspflichten, die schon **vor** Eintritt der Insolvenzantragspflicht nach § 15a InsO, also vor Zahlungsunfähigkeit und Überschuldung, bestehen (Schmidt 2009, Rn. 1.20.).

Weiter kommt eine Haftung wegen vorsätzlicher sittenwidriger Schädigung gem. § 826 BGB in Betracht. Zwar kennt das GmbHG keine allgemeine Durchgriffshaftung in Fällen der Unterkapitalisierung und auch keine allgemeine Nachschusspflicht (§ 13 Abs. 2 GmbHG) der Gesellschafter in der Krise. Anerkannt durch die Rechtsprechung ist jedoch

---

[26] Der Verstoß gegen das Rückzahlungsverbot kann auch zur Strafbarkeit wegen Untreue, Insolvenzverschleppung und vorsätzlichem Bankrott führen: BGH v. 6.5.2008 – 5 StR 34/08, wistra 2009, 351 m. Anm. Leplow; ausführlich auch Geißler, DZWIR 2011, S. 309 (311 f.).

[27] BGH v. 31.5.2011 – II ZR 141/09 (Telekom – Dritter Börsengang), NJW 2011, 2719 = ZIP 2011, 1306 m. Anm. Podewils, DStR 2011, S. 1530.

[28] **aA.** OLG München v. 10.5.2012 – 14 U 2175/11, NZG 706, Rev. beim BGH anhängig unter Az. II ZR 179/12.

eine Durchgriffshaftung wegen schuldhaft herbeigeführter existenzgefährdender Maßnahmen[29]; vor allem relevant bei Gesellschafter-Geschäftsführern.

§ 826 BGB kann aber auch zu Lasten von **Gesellschaftsgläubigern** verwirklicht werden, etwa wenn der Geschäftsführer bei Eingehung von Geschäften im Namen der Gesellschaft Kenntnis davon hat, dass die Gesellschaft zur Ausführung der Verpflichtungen und insbesondere zur Zahlung nicht in der Lage ist (Werner 2009, S. 1512, 1518). Hierzu muss der Geschäftsführer die Schädigung der Gesellschaftsgläubiger zumindest billigend in Kauf genommen haben, wobei sich der Schädigungsvorsatz nicht gegen einen bestimmten Gläubiger richten muss (vgl. Sprau 2015, § 826 Rn. 36).

Neben einer Haftung des Geschäftsführers aus § 826 BGB kann auch ein Anspruch aus § 823 Abs. 2 BGB i. V. m. einem Schutzgesetz bestehen, denn die Ansprüche der §§ 823 ff. BGB bestehen grundsätzlich selbstständig nebeneinander (ebd., § 823 Rn. 8).

Literatur

Becker, Hans Paul. 2013. *Investition und Finanzierung*. 6. Aufl., 242ff. Wiesbaden: Springer Gabler.
Commandeur, Anja, und Daniel Frings. 2010. Zahlungen des GmbH-Geschäftsführers von debitorisch geführten Konten. *Neue Zeitschrift für Gesellschaftsrecht* 613.
De Bra, Peter. 2014. In *Insolvenzordnung (InsO)*, Hrsg. Eberhard Braun. 6. Aufl. § 135 Rn. 20 ff. München: Beck.
Exner, Joachim. 2010. In *Praxis der Insolvenz*, Hrsg. Siegfried Beck und Peter Depré. 2. Aufl. § 16 Rn. 271. München: Vahlen.
Fleischer, Holger. 2010. In *Aktiengesetz*, Hrsg. Karsten Schmidt und Marcus Lutter. 2. Aufl. § 57 Rn. 9 ff. Berlin: Schmidt.
Freitag, Robert, und Markus Riemenschneider. 2009. *Münchener Handbuch des Gesellschaftsrechts*. Bd. 3, 3. Aufl. § 13 Rn. 34. München: Beck.
Geißler, Markus. 2011. Verhaltensmaßnahmen und Rechtspflichten des Geschäftsführers in der Krise der GmbH. *Deutsche Zeitschrift für Wirtschafts- und Insolvenzrecht* 309.
Haack, Hansjörg. 2011. Kapitalaufbringung in der UG (haftungsbeschränkt). *NWB* 2383.
Henkel, Andreas. 2010. Die Insolvenzanfechtung fristgemäß gezahlter Nutzungsentgelte nach § 135 Abs. 1 Nr. 2 InsO. *Zeitschrift für das gesamte Insolvenzrecht* 220.
Hüffer, Uwe. 2014. *Aktiengesetz*. 11. Aufl. § 1 Rn. 11, 23 ff. München: Beck.
Kleindiek, Detlef. 2012. In *GmbH-Gesetz*, Hrsg. Marcus Lutter und Peter Hommelhoff, 18. Aufl., § 82 Rn. 31 ff. Köln: RWS.
Mayer, Dieter. 2009. *Münchener Handbuch des Gesellschaftsrechts*. Bd. 3, 3. Aufl. § 20 Rn. 14 ff. München: Beck.
Miras, Antonio. 2013. Anwaltliche Beratung bei der Gründung einer Unternehmensgesellschaft (haftungsbeschränkt). *Neue Juristische Wochenschrift* 212.
Müller-Gugenberger, Christian. 2009. GmbH-Strafrecht nach der Reform. *GmbH-Rundschau* 578 ff.

---

[29] BGH v. 16.7.2007 – II ZR 03/04 (Trihotel), NJW 2007, 2689 = NZI 2007, 603 bejaht Durchgriffshaftung; BGH v. 28.4.2008 – II ZR 264/06 (Gamma), NJW 2008, 2437 = ZIP 2008, 1232 lässt eine persönliche Haftung des Gesellschafters nach § 826 BGB und die Voraussetzungen für eine solche Haftung offen; BGH v. 9.2.2009 – II ZR 292/07 (Sanitary), NJW 2009, 2127 = GmbHR 2009, 601 zieht eine Existenzvernichtungshaftung des GmbH-Gesellschafters in Betracht.

Ransiek, Andreas. 2008. In *GmbH Großkommentar,* Hrsg. Peter Ulmer, Matthias Habersack, und Martin Winter. § 82 Rn. 116 ff. München: Beck.

Schmidt, Karsten. 2009. In *Die GmbH in Krise, Sanierung und Insolvenz,* Hrsg. Karsten Schmidt und Wilhelm Uhlenbruck. 4. Aufl. Rn. 1.20. Berlin: Schmidt.

Sprau, Hartwig. 2015. *Palandt Bürgerliches Gesetzbuch*. 74. Aufl. § 823 Rn. 4, § 826 Rn. 36. München: Beck.

Weber, Jörg-Andreas. 2009. Die Unternehmergesellschaft (haftungsbeschränkt). *Betriebs-Berater* 842.

Werner, Rüdiger. 2009. Haftungstatbestände in der Unternehmenskrise und Insolvenz. *NWB* 1512–1521.

Winter, Thomas. 2012. 57 AktG: Kein Verbotsgesetz i. S. d. § 134 BGB. *Neue Zeitschrift für Gesellschaftsrecht* 1371.

Insolvenzantragspflicht nach § 15a InsO 7

7.1 Grundtatbestand der Insolvenzverschleppung

Die Regelung des § 15a InsO kann als zentrale Norm im Zusammenhang mit einer Unternehmenssanierung bzw. Unternehmenskrise bezeichnet werden, allein weil sie weitreichende zivil-/haftungsrechtliche und strafrechtliche Konsequenzen beinhaltet.

In der praktischen Anwendung der Vorschrift ergeben sich eine Reihe von Zweifelsfragen und bislang noch nicht geklärter Rechtsfragen, die nachfolgend zwar nicht abschließend beantwortet werden können, aber zumindest angesprochen werden sollen und müssen, um die aus § 15a InsO folgenden Haftungsrisiken möglichst zu minimieren[1].

Mit der Aufnahme des § 15a in die Insolvenzordnung im Rahmen des MoMiG (Bundesgesetzblatt 28.10.2008) wurde die Insolvenzantragspflicht vom Gesellschaftsrecht ins Insolvenzrecht verlagert (Brete u. Thomsen 2009, S. 66). An der grundsätzlichen Insolvenzantragspflicht hat sich dadurch aber nichts geändert. Tatbestandsvoraussetzung ist nach wie vor **Zahlungsunfähigkeit**[2] nach § 17 InsO und/oder **Überschuldung** nach § 19 InsO[3].

---

[1] Ausführlich zur Insolvenzverschleppung nach § 15a InsO siehe die lesenswerte Dissertation von Brettner 2013.

[2] Zum Tatbestandsmerkmal der Zahlungsunfähigkeit als häufigster Insolvenzgrund siehe ausführlich Brettner 2013, S. 112 ff.; Sikora 2012, S. 308; zur Zahlungsunfähigkeit bei bestrittenen Forderungen siehe Brete u. Thomsen 2008, S. 912, u. Henkel 2011, S. 1237; zu den sog. wirtschaftskriminalistischen Beweisanzeichen der Zahlungsunfähigkeit Dannecker u. Hagemeier 2012, Rn. 1288 ff.; zur drohenden Zahlungsunfähigkeit Greil u. Herden 2011, S. 109.

[3] Siehe aktuell zum Entwurf eines neuen Standards des IDW (ES 11) für die Beurteilung des Vorliegens von Insolvenzeröffnungsgründen Frystatzki 2014, S. 840.

Der durch das Finanzmarktstabilisierungsgesetz (FMStG) vom 17.10.2008 (BGBl. I 2008, S. 1982) eingeführte modifizierte Überschuldungsbegriff gem. § 19 Abs. 2 InsO galt zunächst bis zum 31.12.2013 (BGBl. I 2009, S. 315).

Die Regelung in § 19 Abs. 2 InsO hat nun auch über 2013 hinaus Bestand, und zwar **unbefristet** (BGBl. I 2012, 2418)[4].

Damit gilt weiterhin, dass bei Überschuldung **kein** Überschuldungsstatus nach Liquidationswerten erforderlich, **wenn** die Fortführung des Unternehmens nach going concern Grundsätzen gesichert ist (Wicke 2011, § 64 Rn. 5; Bales 2011, S. 57)[5]. Hierzu hat die Geschäftsführung eine (positive) **Fortbestehensprognose**[6] zu erstellen oder erstellen zu lassen, um sich bei einer bestehenden Überschuldung exkulpieren zu können (Brettner 2013, S. 128 ff.).

Ein weiteres Instrument zur Beseitigung einer Überschuldung im insolvenzrechtlichen Sinne ist ein **Rangrücktritt** bzw. eine **Rangrücktrittsvereinbarung** (neben der Möglichkeit eines Forderungsverzichtes mit oder ohne Besserungsschein).

Probleme haben sich bei der Formulierung einer Rangrücktrittsvereinbarung in der Praxis in der Vergangenheit regelmäßig dadurch ergeben, dass ein Rangrücktritt sowohl insolvenzrechtlichen, als auch steuerlichen Erfordernissen genügen muss und sich beides nur schwerlich vereinbaren lies. Dies hat in den letzten Jahren zu einer Vielzahl verschiedener und komplizierter Formulierungsvorschlägen geführt (Schmidt 2015, S. 600)[7], die allesamt nur bedingt Rechtssicherheit geschaffen haben.

Problematisch erwies sich insbesondere die Regelung in § 5 Abs. 2a EStG, wonach Verpflichtungen, die nur aus künftigen Einnahmen und Gewinnen zu erfüllen sind, in der Steuerbilanz erst angesetzt werden dürfen, wenn diese Einnahmen oder Gewinne tatsächlich angefallen sind. Dieses Passivierungsverbot wirkt in der Krise kontraproduktiv (Schmidt 2015, S. 600 f.), denn es hat die gewinnerhöhende Auflösung der vom Rangrücktritt umfassten Verbindlichkeit(en) zur Folge.

Aktuell hat sich der BGH mit Urteil v. 5.3.2015[8] (erneut) mit der Frage beschäftigt, unter welchen Voraussetzungen ein Rangrücktritt geeignet ist, bei der Überschuldungsprüfung von der Passivierung der Verbindlichkeit im Überschuldungsstatus abzusehen (Kahlert 2015, S. 734; Taplan et al. 2015, S. 347; Wolf 2014, S. 261).

Hiernach bedarf es zum einen einer sog. vorinsolvenzlichen Durchsetzungssperre und zum anderen darf der Rangrücktritt nicht zeitlich befristet sein, d. h. er muss solange vereinbart sein, bis die Überschuldungssituation nicht mehr gegeben ist.

---

[4] Lesenswert auch zur Historie des Überschuldungsbegriffs Eickes 2014, S. 18 ff.

[5] Zur Fortbestehensprognose im Rahmen der Überschuldungsprüfung Sikora 2010, S. 1761.

[6] Ausführlich zu den Voraussetzungen an eine Fortbestehensprognose aktuell Groß 2015, 5 (Teil I), 60 (Teil II) u. 106 (Teil III).

[7] Stellvertretend zu den verschiedenen Formulierungsvorschlägen Wuschek 2013, 10 ff., abrufbar unter http://www.insolvenzrecht.jurion.de/zinso/newsletter.

[8] BGH v. 5.3.2015 – IX ZR 133/14, NZI 2015, 315=GmbHR 2015, 472 m. Anm. Farian u. Bitter, GmbHR u. Heim 2015, S. 644.

Unter Berücksichtigung der vorgenannten BGH-Entscheidung soll es zur Vermeidung des Passivierungsverbotes des § 5 Abs. 2a EStG zulässig und ausreichend sein, wenn die mit dem Rangrücktritt belegte Verbindlichkeit auch aus sonstigem freien Vermögen befriedigt werden kann (Bitter u. Heim 2015, S. 644, 647; Kahlert 2015, S. 734, 737; Schmidt 2015, S. 600)[9].

Nach Taplan et al. (2015, S. 347, 353) kann eine Rangrücktrittvereinbarung wie folgt formuliert werden:

> Der Gläubiger tritt hiermit mit sämtlichen Ansprüchen aus dem… [Vertrag, z. B. Darlehensvertrag] gemäß § 19 Abs. 2 S. 2 InsO im Rang hinter sämtliche Forderungen anderer Gläubiger in der Weise zurück, dass Tilgung, Verzinsung und Kosten nur nachrangig nach allen anderen Gläubigern im Rang des § 39 Abs. 1 Nr. 1 bis 5 InsO, also im Rang des § 39 Abs. 2 InsO aus sonstigem freien Vermögen, künftigen Jahresüberschüssen oder aus einem Liquiditätsüberschuss verlangt werden können.

An der **Antragsfrist** von **drei Wochen** hat sich durch § 15a InsO nichts geändert.

Die Insolvenzantragspflicht gilt durch die Formulierung „juristische Person" nunmehr für sämtliche Kapital- und Personengesellschaften, mit den in § 15a Abs. 1 S. 2 und Abs. 2 InsO genannten Ausnahmen[10]. Dies bedeutet, dass § 15a InsO bei Personengesellschaften nur dann gilt, wenn unter den Gesellschaftern **keine natürliche Person** als **Vollhafter** vorhanden ist.

7.2 Antragspflicht auch der Gesellschafter und Aufsichtsratsmitglieder

Eine wesentliche Neuerung stellt die Ausweitung der Antragspflicht auch auf die Gesellschafter und Aufsichtsratsmitglieder in § 15a Abs. 3 InsO dar. Eine vergleichbare Haftungs- und Strafbarkeitsnorm gab es bisher nicht, da die Antragspflicht seit jeher originäre Geschäftsführerpflicht war.

Hintergrund der Neuregelung ist bzw. war, Missbräuche zu bekämpfen. Abs. 3 der Vorschrift soll verhindern, dass eine GmbH zur Schwächung der Gläubigerrechte führungslos „gemacht wird", indem der Geschäftsführer untertaucht und die Gesellschafter die Gesellschaft bewusst führungslos lassen oder der Geschäftsführer sein Amt niederlegt oder abberufen wird (Bußhardt 2014, § 15a Rn. 23).

---

[9] FG Niedersachsen v. 12.6.2014 – 6 K 324/12, EFG 2014, 1601, Rev. beim BFH anhängig zum Az. I R 44/14.
[10] Zur **Antragsberechtigung** von Aktionären und Genossenschaftsmitgliedern Barthel 2010, S. 1776; die Antragsberechtigung soll nach Löser 2010, S. 799, auch für den Gesellschafter einer Komplementär-GmbH über das Vermögen der GmbH & Co. KG bestehen.

Das entscheidende Tatbestandsmerkmal des § 15a Abs. 3 InsO ist die **Führungslosigkeit**. Führungslosigkeit wird in § 35 Abs. 1 S. 2 GmbHG i. V. m. § 10 Abs. 2 InsO als Fehlen von Geschäftsführern legal definiert[11].

Bislang umstritten und noch nicht höchstrichterlich geklärt ist, ob das Tatbestandsmerkmal „Fehlen von Geschäftsführern" tatsächliche oder rechtliche Existenz meint **oder** ob ein Fehlen bereits dann anzunehmen ist, wenn der Geschäftsführer „einfach abtaucht", d. h. zwar tatsächlich und rechtlich existent ist, jedoch nicht erreichbar und/oder handlungsunwillig.

Der Referentenentwurf zum MoMiG hatte Führungslosigkeit noch mit einem „unbekannten Aufenthalt" gleichgestellt, so dass die Antragspflicht auch dann schon greifen sollte, wenn der Geschäftsführer faktisch abgetaucht ist. Dem ist der Regierungsentwurf und letztlich das MoMiG nicht gefolgt, unter Hinweis auf die damit verbundenen vielen Zweifelsfragen (Berger 2009, S. 1977), die sich nun umso mehr ergeben (Passarge u. Brete 2011, S. 1293).

Führungslosigkeit ist nach einem frühen Urteil des AG Hamburg vom 27.11.2008[12] anzunehmen, wenn der organschaftliche Vertreter tatsächlich oder rechtlich nicht mehr existiert. Ein lediglich „unbekannter Aufenthalt" reiche nicht (Brand u. Brand 2010, S. 712).

Soweit ersichtlich, existieren bislang nur zwei weitere Entscheidungen. Zum einen ein Urteil des LG Hildesheim vom 9.10.2010[13]. Hiernach liegt Führungslosigkeit – analog dem AG Hamburg – erst dann vor, wenn es einen Geschäftsführer rechtlich nicht mehr gibt, nicht schon, wenn er nur nicht erreichbar ist, wie im Entscheidungsfall des LG Hildesheim durch die Angabe einer falschen Adresse in Spanien.

Zum anderen existiert eine jüngere Entscheidung des AG Potsdam vom 24.1.2013[14], im Ergebnis im Sinne der beiden vorgenannten Entscheidungen. Befindet sich der Geschäftsführer auf einer Forschungsreise und ist deshalb für den Gesellschafter über einen längeren Zeitraum nicht zu erreichen (weil nicht klar ist, wo genau sich der Geschäftsführer aufhält), liege keine Führungslosigkeit i. S. d. Gesetzes vor.

Dem sind Teile der Literatur (Passarge u. Brete 2011, S. 1293; Bauer 2010, Rn. 996; Passarge 2010, S. 295) entgegen getreten, indem sie auf die tatsächliche Situation abstellen, d. h. Führungslosigkeit liegt auch – und gerade dann – vor, wenn der Geschäftsführer nachrichtenlos abgetaucht, handlungsunwillig oder planvoll unerreichbar ist. Anderenfalls werde das Ziel des MoMiG der effektiven Missbrauchsbekämpfung und Verhinderung von Firmenbestattungen nicht erreicht (Brettner 2013, S. 204 ff.).

---

[11] Soll eine GmbH im Passivprozess verklagt werden, können die Gesellschafter auch bei Fehlen eines Geschäftsführers die GmbH nicht wirksam gesetzlich vertreten. Es muss ein Prozesspfleger nach § 57 ZPO oder ein Notgeschäftsführer analog § 29 BGB bestellt werden: Krumm u. Wolf 2010, S. 438.

[12] AG Hamburg v. 27.11.2008 – 67c IN 478/08, NJW 2009, 304 m. abl. Anm. Mock, EWiR 2009, S. 245.

[13] LG Hildesheim v. 9.10.2010 – 25 KLs 5443 Js 40026/04.

[14] AG Potsdam v. 24.1.2013 – 35 IN 978/12, ZInsO 515 = ZIP 2013, 1638 = NZI 2013, 602.

Ob die bislang als gesellschafterfreundlich zu bezeichnende Rechtsprechung auch in höheren Instanzen Bestand haben wird, bleibt weiterhin abzuwarten. Vor allem aus Gläubigersicht wäre es allerdings wünschenswert, wenn die Rechtsprechung bei zukünftigen Entscheidungen die Intention des Gesetzgebers so berücksichtigt, dass der Schutz der Gläubiger auch tatsächlich gewährleistet wird und nicht nur als Formalie auf dem Papier.

Mit der subsidiären Antragspflicht soll den Gesellschaftern nämlich ein Anreiz gegeben werden, für die jederzeit ordnungsgemäße Vertretung der Gesellschaft zu sorgen. Eine Ausnahme für die Erweiterung der Antragspflicht nach § 15a Abs. 3 InsO gilt nur für Gesellschafter, die von der Zahlungsunfähigkeit bzw. Überschuldung oder der Führungslosigkeit der Gesellschaft keine **Kenntnis** haben, § 15a Abs. 3, letzter Hs. InsO.

Ebenfalls noch nicht abschließend geklärt ist dabei jedoch, was konkret das Tatbestandsmerkmal „Kenntnis" meint. Es soll nicht auf **positive Kenntnis** ankommen, sondern auf „**kennen müssen**" (Konu et al. 2010, S. 244). Andererseits soll bzw. darf sich der antragsverpflichtete Gesellschafter der Kenntnis nicht bewusst verschließen (Brete u. Thomsen 2009, S. 66; Bußhardt 2014, § 15a Rn. 15; Römermann 2010, S. 241; Wicke 2011, § 64 Rn. 7; Hefendehl 2011, S. 601). Es bleibt also auch hier abzuwarten, wie die Rechtsprechung die „Kenntnis" letztlich definiert wissen will und bis dahin ist die Beratungspraxis gehalten, jedenfalls darauf hinzuwirken, dass ein bewusstes verschließen im vorgenannten Sinne ausgeschlossen werden kann.

Die **Beweislast** für das Fehlen entsprechender Kenntnis trifft den Gesellschafter (Bußhardt 2014, § 15a Rn. 15; Wälzholz 2009, S. 75 f.).

Wird der Antrag nicht von allen Gesellschaftern der GmbH gestellt, ist er nur zulässig, wenn der Eröffnungsgrund – also Überschuldung oder Zahlungsunfähigkeit – glaubhaft gemacht wird. Zusätzlich ist bei Antragstellung auch die Führungslosigkeit glaubhaft zu machen.

Für die Glaubhaftmachung genügt die Vorlage präsenter Beweismittel einschließlich der Abgabe einer Versicherung an Eides statt (Wälzholz 2009, S. 75 f.).

Liegen die Voraussetzungen für **eine faktische Geschäftsführung** vor, hat dies auch zur Konsequenz, dass der faktische Geschäftsführer zur rechtzeitigen Stellung des Insolvenzantrags nach § 15a InsO verpflichtet ist und auch die Folgen für die Versäumnis dieser Pflicht nach § 64 GmbHG zu tragen hat[15] (Fleischer u. Schmolke 2011, S. 1009; Brete u. Thomsen 2009, S. 66; Gundlach u. Müller 2011, S. 1055; a. A. Bales 2011, S. 57).

7.3 Strafbarkeit der Insolvenzverschleppung nach § 15a Abs. 4 InsO

§ 15a Abs. 4 InsO stellt die vorsätzliche Insolvenzverschleppung unter Strafe und entspricht den weggefallenen §§ 84 Abs. 1 Nr. 2 GmbHG, 401 Abs. 1 Nr. 2 AktG, § 148 Abs. 1 Nr. 2 GenG und § 130b HGB.

---

[15] BGH v. 11.7.2005 – II ZR 235/03, GmbHR 2005, 1187 = DStR 2005, 1704 m. Anm. Naumann, ZInsO 2006, 75 u. Gehrlein, BB 2005, 1867; LG Hildesheim v. 9.10.2010 – 25 KLs 5443 Js 40026/04.

In Bezug auf die Strafbarkeit für den Geschäftsführer hat sich aufgrund der Neuregelung durch das MoMiG nichts geändert. Neu und insoweit korrespondierend zur Antragspflicht der Gesellschafter und Aufsichtsratsmitglieder können sich diese zukünftig auch wie Geschäftsführer der vorsätzlichen Insolvenzverschleppung strafbar machen (Brete u. Thomsen 2009, S. 66).

§ 15a Abs. 4 InsO normiert weiter, dass derjenige mit Freiheitsstrafe bis zu drei Jahren oder mit Geldstrafe bestraft wird, wer entgegen Abs. 1 Satz 1, auch in Verbindung mit Satz 2 oder Abs. 2 oder Abs. 3, einen Insolvenzantrag **nicht, nicht richtig oder nicht rechtzeitig** stellt.

Die Tatbestandsalternativen „nicht" und „nicht rechtzeitig" dürften in der Praxis keine größeren Schwierigkeiten bereiten. Dagegen bietet das – ebenfalls neu durch das MoMiG eingeführte – Tatbestandsmerkmal „nicht richtig" einigen Interpretationsspielraum, begünstigt auch dadurch, dass die Gesetzesmaterialien hierzu vollkommen schweigen (Weyand 2013, S. 359). „Nicht richtig" soll „nicht zulässig" (Römermann 2010, S. 353) bedeuten oder „inhaltlich ungenügend" (Müller-Gugenberger 2009, S. 578 f.).

In Anlehnung an die bisherige Rechtsprechung kann festgehalten werden, dass der Antrag ernsthaft auf die Eröffnung des Insolvenzverfahrens gerichtet sein muss, d. h. es müssen Tatsachen mitgeteilt werden, die die wesentlichen Merkmale des Eröffnungsgrundes erkennen lassen. Insbesondere muss die Finanzlage im Hinblick auf die verfügbaren liquiden Mittel und die fälligen Gläubigeransprüche angegeben werden (Checkliste: Weyand 2013, S. 359 f.).

Zugunsten des Antragsverpflichteten – und insoweit relativiert sich die Strafandrohung – kann zudem darauf hingewiesen werden, dass das Insolvenzgericht bei Antragsmängeln auf diese hinweisen und eine genügende Zeit zur Nachbesserung geben muss[16].

7.4 Zivilrechtliche Konsequenzen der Insolvenzverschleppung für Geschäftsführer und Berater

Zivilrechtliche Haftungskonsequenzen im Zusammenhang mit der Insolvenzverschleppung können sich für den Geschäftsführer – analog oben unter Abschn. 5.1 – in zweierlei Hinsicht ergeben: als Innen- und/oder Außenhaftung oder sog. Insolvenzverschleppungshaftung[17].

Demgemäß haftet der Geschäftsführer der Gesellschaft auf Ersatz desjenigen Schadens, der durch die Veranlassung masseschmälernder Leistungen nach Eintritt der Insolvenzreife entstanden ist (**Innenhaftung**; Kleindiek 2014, § 15a Rn. 25, § 35 Rn. 107 ff.).

Den Gesellschaftsgläubigern gegenüber kann sich eine Haftung auf Schadensersatz nach § 823 Abs. 2 BGB i. V. m. § 15a InsO ergeben (**Außenhaftung**; ebd., § 15a Rn. 24 ff.).

---

[16] BGH v. 12.7.2007 – IX ZB 82/04, ZInsO 2007, 887 = ZIP 2007, 1868.

[17] Kritisch zur Insolvenzverschleppungshaftung Wübbelsmann 2008, S. 1303, und zugleich Erwiderung auf OLG Saarbrücken v. 6.5.2008 – 4 U 484/07-165.

Für den Fall der Außenhaftung ist zwischen Alt- und Neugläubigern zu unterscheiden (Freitag 2014, S. 447).

Altgläubiger sind die Gläubiger, die bereits im Zeitpunkt der Insolvenzantragstellung Gläubiger waren.

Demgegenüber werden als **Neugläubiger** diejenigen bezeichnet, die ihre Forderungen erst nach Eintritt der Insolvenzantragspflicht erworben haben (Werner 2009, S. 1512; Wübbelsmann 2008, S. 1303).

Die Unterscheidung zwischen Alt- und Neugläubiger ist deshalb vorzunehmen, weil Altgläubiger lediglich den sog. **Quotenschaden** (Quotenverminderungsschaden) geltend machen können (Große-Wilde 2010, S. 103, 106)[18].

Der Quotenschaden besteht in der Summe, um die sich die Quote erhöht hätte, wenn der Insolvenzantrag rechtzeitig gestellt worden wäre (ebd.; Wagner 2009, S. 449, 455).

Neugläubiger können hingegen den vollen **Vertrauensschaden** ersetzt verlangen, gegen Abtretung ihrer Insolvenzforderung an die Gesellschaft (Große-Wilde 2010, S. 103, 106[19]) (was in der Praxis oft vergessen wird).

Zu beachten ist dabei, dass der Vertrauensschaden nicht immer dem positiven Interesse entspricht: grundsätzlich ist der Gläubiger so zu stellen, wie er stehen würde, wenn er in Kenntnis der Insolvenzreife keinen Vertrag mit dem Schuldner geschlossen hätte. Regelmäßig enthalten Forderungen auch Deckungsbeiträge, die der Gläubiger ohne den Vertrag mit dem Schuldner nicht erwirtschaftet hätte. Deshalb entspricht das negative Interesse nur dann dem positiven Interesse, wenn der Gläubiger nachweist, dass er das gleiche Geschäft auch mit einem Dritten geschlossen hätte (Spliedt 2008, § 2 Rn. 46).

Ein weiterer Unterschied besteht in der Geltendmachung: den Quotenschaden für Altgläubiger kann nur der Insolvenzverwalter geltend machen[20], nicht jedoch einen Schaden der Neugläubiger, den diese nur selbst einklagen können/dürfen[21].

Besondere Beachtung im Zusammenhang mit der Insolvenzverschleppungshaftung des Geschäftsführers einer GmbH kommt nachfolgenden aktuellen Urteilen zu:

BGH v. 14.5.2012[22]: Der Geschäftsführer haftet persönlich für fehlerhafte Bauleistungen, wenn die Gesellschaft aufgrund einer Insolvenz nicht mehr in der Lage ist, die am Bauwerk bestehenden Mängel zu beseitigen. Der Bauherr (Auftraggeber) ist dann Neugläubiger, wenn er mit einer insolvenzreifen Gesellschaft einen Vertrag schließt und die Gesellschaft die dem Bauherrn zustehenden Gewährleistungsansprüche aufgrund eines Insolvenzverfahrens nicht (mehr) erfüllen kann.

---

[18] BGH v. 15.3.2011 – II ZR 204/09.

[19] Unter Verweis auf BGH v. 5.2.2007 – II ZR 234/05, GmbHR 2007, 482.

[20] BGH v. 5.2.2007 – II ZR 234/05, ZIP 2007, 676.

[21] BGH v. 30.3.1998 – II ZR 146/96, NJW 1998, 2667.

[22] BGH v. 14.5.2012 – II ZR 130/10, GmbHR 2012, 899 m. Anm. Große-Wilde, GmbHR 2012, 272; siehe auch OLG Köln v. 9.7.2014 – 19 U 34/13, ZInsO 2014, 2453: der Geschäftsführer einer GmbH haftet persönlich auch nach § 826 BGB, wenn er nach Stellung eines Insolvenzantrages aber noch vor Bestellung eines vorläufigen Insolvenzverwalters Aufträge erteilt, d. h. die Gesellschaft zu Zahlungen verpflichtet.

Zum Umfang der Haftung hat der BGH (zutreffend) darauf abgestellt, dass der Neugläubiger lediglich das sog. negative Interesse geltend machen kann, d. h. der Neugläubiger kann nur verlangen so gestellt zu werden, wie er stehen würde, wenn er mit der insolvenzreifen Gesellschaft keinen Vertrag (mehr) geschlossen hätte. Konkret kann der Neugläubiger also nicht die vollen Kosten der Mängelbeseitigung verlangen, sondern nur die Herstellung des Zustands, der bei Vertragsschluss bestanden hat.

Der Anspruch lediglich auf das negative Interesse kann in der Praxis gerade bei Bauleistungen zu erheblichen oder kaum lösbaren Problemen führen: wird wie im Fall des BGH eine Bauleistung bei einem bereits existierenden Gebäudes beauftragt (Anbringung einer Außenwanddämmung), mag die Rückabwicklung bzw. Herstellung des Ursprungszustandes noch realisierbar sein.

Wird hingegen wie in dem vom Autor Brete vertretenen Fall vor dem LG Hannover[23] von der Klägerin die Insolvenzreife der (Bau-)Gesellschaft bereits bei Abschluss des Kaufvertrages über eine Doppelhaushälfte behauptet und kann die Gesellschaft aufgrund eines später gestellten Insolvenzantrages die Mängelgewährleistungsansprüche nicht mehr erfüllen, ergibt sich folgendes Problem: die Klägerin kann gerade nicht verlangen, dass der Geschäftsführer ihr die Kosten für die Mängelbeseitigung zu bezahlen hat (so aber der Klageantrag). Das negative Interesse geht lediglich dahin, die Klägerin so zu stellen, als hätte sie den Kaufvertrag gar nicht geschlossen. In der Folge müsste der Vertrag rückabgewickelt werden, d. h. Rückgabe bzw. -übertragung des Hauses gegen Erstattung des Kaufpreises. Ungeachtet der Frage, ob der Geschäftsführer zur Rückzahlung überhaupt in der Lage ist, entsprach dies nicht dem Interesse der Klägerin und dürfte so gut wie nie im Interesse des Käufers bzw. Bauherrn sein.

Geklärt werden musste die Problematik im konkreten Fall nicht, weil die Klage aus anderen Gründen abgewiesen wurde (die Klägerin konnte das Vorliegen der Insolvenzreife im Zeitpunkt des Vertragsschlusses nicht beweisen). Ein solcher Prozess kann jedoch für den Rechtsanwalt ein Haftungsrisiko darstellen, wenn er statt das negative das positive Interesse einklagt bzw. die vertretenen Gläubiger nicht ausreichend darüber aufklärt, ob sie Alt- oder Neugläubiger sind und dass allenfalls das negative Interesse einklagbar ist.

Zudem ist in Fällen wie dem zuvor beschriebenen aus prozessualer Sicht darauf zu achten, dass der Klageantrag nur „Zug um Zug" gegen Abtretung der zur Tabelle angemeldeten Insolvenzforderungen gestellt werden darf (natürlich nur dann, wenn die Mängelgewährleistungsansprüche zur Tabelle angemeldet wurden).

BGH v. 22.10.2013[24]: Ein Vermieter, der einer GmbH als Mieterin vor deren insolvenzreife Räume überlassen hat, ist regelmäßig Altgläubiger und erleidet deshalb keinen Neugläubigerschaden infolge einer Insolvenzverschleppung.

Zur Begründung führt der BGH aus, dass sich der Vermieter im Insolvenzfall nicht vom Mietvertrag lösen konnte. Deshalb ist der Vermieter als Gläubiger für seine nach Insolvenzreife fällig werdenden, aber ohne Gegenleistung bleibenden Leistungen Alt- und

---

[23] LG Hannover v. 20.2.2014 – 8 O 116/13.
[24] BGH v. 22.10.2013 – II ZR 394/12, NZI 2014, 25 m. Anm. Poertzgen, GmbHR 2014, S. 89 u. Große-Wilde, GmbH-StB 2014, S. 43.

nicht Neugläubiger, da das Miet- als Dauerschuldverhältnis vor Insolvenzreife begründet wurde. Somit war der Verstoß gegen die Insolvenzantragspflicht nicht ursächlich für den Vertragsabschluss und damit für die Geld- oder Sachleistung nach Insolvenzreife.

BGH v. 5.3.2015[25]: Den Geschäftsführer trifft keine Pflicht, über seine eigenen Vermögensverhältnissen Auskunft zu geben, damit der Insolvenzverwalter Schadensersatzansprüche wegen Insolvenzverschleppung gegen ihn persönlich geltend machen kann.

AG Lingen v. 21.09.2012[26]: Der Geschäftsführer haftet persönlich für Zahlungen, die ein Kunde der Gesellschaft an diese im Voraus für einen bestimmten Zeitraum bezahlt, wenn die vertragliche Gegenleistung – im Entscheidungsfall die Lieferung von Strom für ein Jahr – ausbleibt.

Aus prozessualer Sicht für die Darlegungs- und Beweislast zur Insolvenzreife **BGH v. 19.11.2013**[27]: Wenn der Insolvenzverwalter im Prozess eine Handelsbilanz der insolventen Gesellschaft vorlegt und dazu vorträgt, dass weder stille Reserven, noch sonstige Vermögenswerte aus der Bilanz ersichtlich sind, muss der in Anspruch genommene Geschäftsführer substantiiert zu etwaigen stillen Reserven oder sonstigen Vermögenswerten vortragen, um dem Vortrag des Insolvenzverwalters zur Insolvenzreife wirksam entgegenzutreten. Kann der Geschäftsführer stille Reserven oder sonstige Vermögensgegenstände nicht darlegen bzw. beweisen, streitet die bilanzielle Unterdeckung für den Insolvenzverwalter, d. h. die Annahme der vom Insolvenzverwalter vorgetragenen Insolvenzreife.

▶ **Praxishinweis** Überwiegend praxisrelevant ist ein Schadensersatzanspruch der Neugläubiger, da dieser vergleichsweise leicht zu ermitteln und daher einfacher prozessual geltend zu machen ist.

Dagegen spielt der Quotenschaden für Altgläubiger eine eher geringe Rolle, weil es in den seltensten Fällen gelingen wird, den Quotenschaden im Prozess substantiiert darzulegen (Freitag 2014, S. 447; Wagner 2009, S. 449, 457; Spliedt 2008, § 2 Rn. 58). Gleichwohl sollte sich der Berater nicht darauf verlassen, dass ein Quotenschaden nicht auch gegen ihn eingeklagt wird, wie das Urteil des LG Wuppertal vom 06.07.2011[28] zeigt.

7.4.1 Sanierungspflicht versus Insolvenzantragspflicht

Der Geschäftsführer kann im Zusammenhang mit der Insolvenzantragspflicht weiter Gefahr laufen, seine Sanierungspflicht gegenüber der Gesellschaft zu verletzen und sich dadurch der zivilrechtlichen Haftung auszusetzen.

---

[25] BGH v. 5.3.2015 – IX ZB 62/14, GmbHR 2015, 536 m. Anm. Bormann, entgegen der Vorinstanz LG Münster v. 3.9.2014 – 5 T 326/14.
[26] AG Lingen v. 21.09.2012 – 12 C 319/12 im Fall „TelDaFax", abrufbar unter http://www.bauerundkollegen.com, mit weiteren Urteilen zur Geschäftsführerhaftung.
[27] BGH v. 19.11.2013 – II ZR 229/11, NZI 2014, 232 m. Anm. Große-Wilde, GmbH-StB, 2014, S. 105.
[28] LG Wuppertal v. 6.7.2011 – 3 O 359/10, NZI 2011, 877 = ZInsO 2011, 1997.

Den Geschäftsführer trifft bereits vor der Krise die Verpflichtung des § 43 Abs. 1 GmbHG, wonach der Geschäftsführer in den Angelegenheiten der Gesellschaft die Sorgfalt eines ordentlichen Geschäftsmannes anzuwenden hat. In der Unternehmenskrise bürdet § 43 Abs. 1 GmbHG dem Geschäftsführer auch die Pflicht zur Sanierung auf, was bedeutet, dass jede Sanierungsstrategie, jede konkrete Sanierungsmaßnahme oder deren Unterlassung rascher, gewissenhafter und zielorientierter Prüfung bedarf (vgl. Schmidt 2009, Rn. 11.1 ff.).

Des Weiteren trifft den Geschäftsführer die Pflicht, unverzüglich, spätestens aber drei Wochen nach Eintritt der Zahlungsunfähigkeit oder Überschuldung, einen Antrag auf Eröffnung des Insolvenzverfahrens gem. § 15a Abs. 1 InsO zu stellen.

Auf Grund der unterschiedlichen Pflichten, kann der Geschäftsführer schnell in ein Dilemma geraten. Stellt er den Insolvenzantrag zu spät, zieht dies ohne weiteres eine zivilrechtliche Haftung und gegebenenfalls strafrechtliche Sanktionen nach sich. Stellt er den Insolvenzantrag hingegen zu früh, kommt eine Haftung gegenüber der Gesellschaft und den Gesellschaftern nach § 43 GmbHG in Betracht (Frege 2006, S. 545 f.; Leinekugel u. Skauradszun 2011, S. 1121, 1126 f.).

Diese Gefahr ist nicht zu unterschätzen, denn allein die Stellung eines Insolvenzantrags kann die Krise des Unternehmens erheblich verschärfen. Durch die Antragstellung können Vermögenswerte vernichtet oder geschmälert werden (Liquidationswerte statt Fortführungswerte).

Mit Antragstellung entsteht in aller Regel ein sprunghaft steigender Liquiditätsbedarf; die Geschäftspartner des Unternehmens verlangen Vorkasse, bevor sie leisten; sie halten fest eingeplante Lieferungen und Leistungen zurück, solange sie nicht bezahlt werden. Ferner besteht die Gefahr, dass Vertragspartner des Unternehmens außerordentlich kündigen. All dies kann dazu führen, dass die bis dahin bestehende Chance einer Sanierung allein durch die Antragstellung zunichte gemacht wird (Frege 2006, S. 545 f.).

Allerdings betrifft dies schwerpunktmäßig die Fälle der sog. Fremdgeschäftsführung, weil sich ein Gesellschafter-Geschäftsführer nicht selbst in Anspruch nehmen wird. Jedoch kann es zu einer Inanspruchnahme durch den Insolvenzverwalter kommen, auf den nach Eröffnung des Insolvenzverfahrens jegliche Befugnisse der Gesellschaft übergegangen sind (vgl. § 80 InsO).

Dementsprechend sei hier noch einmal auf eine mögliche Haftung gegenüber der Gesellschaft hingewiesen. Eine Haftung nach § 43 Abs. 2 GmbHG wegen Geschäftsführerverschulden kommt im Wesentlichen in Betracht

- wegen versäumter Geltendmachung von Ansprüchen der Gesellschaft (vor allem auch gegenüber den Gesellschaftern),
- wegen mangelnder Kontrolle der Liquidität und Finanzierung und der aus diesem Grund zu spät einsetzenden und deshalb unnötig aufwendigen Sanierungsstrategie,
- wegen strategischer Fehler nach erkannter Sanierungsbedürftigkeit,
- wegen verfrühter Insolvenzantragstellung,
- wegen verspäteter Insolvenzantragstellung.

7.4.2 Prüfungspflicht versus Zahlungsverbot

Des Weiteren besteht für den Geschäftsführer im Zusammenhang mit der Insolvenzantragspflicht die Gefahr, zivilrechtlich aufgrund eines Verstoßes gegen das Zahlungsverbot nach § 64 S. 1 GmbHG[29] in Anspruch genommen zu werden.

Das Zahlungsverbot beginnt bereits **ab Eintritt** der Insolvenzreife und **nicht** erst ab Ende der Insolvenzantragspflicht[30].

In der Unternehmenskrise hat der Geschäftsführer die Aussichten und Vorteile eines Sanierungsversuchs gegen die Nachteile abzuwägen, die ein Scheitern durch zwischenzeitliche Vermögensbewegung für die späteren Insolvenzgläubiger bewirken können[31]. Er hat Sanierungschancen wahrzunehmen, sofern sie nicht von vornherein aussichtslos sind[32].

Die mögliche Sanierung eines Unternehmens ist nach betriebswirtschaftlichen und rechtlichen Standards zu prüfen und vorzubereiten, d. h. sie muss gesellschaftsrechtlichen, steuerrechtlichen und insolvenzrechtlichen Vorschriften entsprechen[33]. Um diesen Anforderungen zu genügen, hat sich der Geschäftsführer notfalls der Hilfe von externen Dritten – Steuerberatern, Wirtschaftsprüfern und Rechtsanwälten – zu bedienen.

Mit der Inanspruchnahme der Beratung begibt sich der Geschäftsführer aber in die Gefahr, gegen das Zahlungsverbot des § 64 GmbHG zu verstoßen (Geißler 2011, S. 309, 313 ff.). Nach § 64 S. 1 GmbHG ist der Geschäftsführer der Gesellschaft zum Ersatz von Zahlungen verpflichtet, die nach Eintritt der Zahlungsunfähigkeit oder nach Feststellung der Überschuldung geleistet werden.

Den Geschäftsführer trifft jedoch dann keine Ersatzpflicht für Zahlungen nach Insolvenzreife, wenn die Masse- bzw. Vermögensschmälerung wieder ausgeglichen wird. Voraussetzung dafür ist aber, dass ein unmittelbarer Zusammenhang der Zahlungen gegeben ist, damit der Massezufluss der Masseschmälerung zugeordnet werden kann (Schmidt 2015, S. 129)[34].

Dasselbe gilt gem. § 64 S. 3 GmbHG für Zahlungen an die Gesellschafter, soweit diese zur Zahlungsunfähigkeit der Gesellschaft führen mussten.

---

[29] Zur Strafbarkeit bei Zahlungen entgegen § 64 GmbHG siehe Weiß 2011, S. 350.
[30] BGH v. 16.3.2009 – II ZR 280/07, NJW 2009, 2454 = BB 2009, 1207 = GmbHR 2009, 654 m. Anm. Poertzgen, NZI 2009, S. 490.
[31] Vgl. BGH v. 9.7.1979 – II ZR 118/77, NJW 1979, 1823.
[32] Vgl. BGH v. 18.7.2002 – IX ZR 480/00, NJW 2002, 3252 = NZI 2002, 602.
[33] IDW S 6 „Anforderungen an die Erstellung von Sanierungskonzepten", siehe auch Buth u. Hermanns 2010, S. 288; Frege 2006, S. 545 f.
[34] BGH v. 18.11.2014 – II ZR 231/13 m. Anm. Kruth, NZI 2015, S. 133 u. Strohn, DB 2015, S. 55 u. Wachter, GmbHR 2015, S. 137.

Die Ersatzpflicht tritt nach § 64 S. 2 GmbHG hingegen *nicht* ein, wenn die Zahlungen mit der Sorgfalt eines ordentlichen Geschäftsmanns[35] vereinbar sind. Hierzu zählen insbesondere Zahlungen, die

- nicht zur Schmälerung der Insolvenzmasse führen[36],
- bei vollwertiger Gegenleistung bewirkt werden[37],
- unerlässlich sind, um den sofortigen Zusammenbruch der GmbH (Betriebsstillegung; Wagner u. Zabel 2008, S. 660 ff.) zu verhindern (z. B. das Begleichen von Forderungen für Energie, Kommunikation, Waren, Hilfs- und Betriebsstoffe, etc.)[38],
- um größere Nachteile für die Insolvenzmasse abzuwenden oder um Sanierungsmaßnahmen innerhalb der Dreiwochenfrist nicht zu gefährden (Wicke 2011, § 64 Rn. 21)[39].

Honorarzahlungen an den Sanierungsberater, der Sanierungskonzepte vorbereitet, die nicht von vornherein völlig aussichtslos sind, dienen dem wohlverstandenen Interesse aller Gläubiger. Sofern das Honorar angemessen ist, stellen die Beratungsleistungen eine vollwertige Gegenleistung dar (Abschn. 2.7; Kirchhof 2005, S. 340). Die Zahlungen sind dementsprechend mit der Sorgfalt eines ordentlichen Geschäftsmanns vereinbar.

Die **Beweislast** für die Zulässigkeit einer Zahlung trägt der **Geschäftsführer** (Wicke 2011, § 64 Rn. 47).

7.4.3 Sozialversicherungsbeiträge und Lohnsteuer

Ein Sonderproblem stellen die Zahlungen von Sozialversicherungsbeiträgen und Lohnsteuer dar. Der Geschäftsführer steht hierbei nämlich im Zwiespalt zwischen strafrechtlicher Verantwortlichkeit nach § 266a StGB bei unterlassener Zahlung von Sozialversicherungsbeiträgen einerseits und zivilrechtlicher Inanspruchnahme bei Vornahme solcher Zahlungen andererseits.

Grundsätzlich sollen dem Geschäftsführer nach BGH vom 14.5.2007[40] zwar Zahlungen von Sozialversicherungsbeiträgen nicht vorgehalten werden können, wenn er sich durch Nichtzahlung strafrechtlicher Verfolgung aussetzen würde. Gleichwohl wurde und

---

[35] Die Anforderungen an den ordentlichen Geschäftsmann sind mannigfaltig und zum Teil auf den ersten Blick nicht immer nachvollziehbar; lesenswert dazu Ischebeck 2009, S. 95 Anm. zu BGH v. 5.5.2008 – II ZR 38/07, NJW 2008, 2504 = ZIP 2008, 1229.

[36] BGH v. 5.11.2007 – II ZR 262/06, ZIP 2008, 72 m. Anm. Lindemann, GmbHR 2008, S. 143.

[37] BGH v. 14.10.1985 – II ZR 276/84, WM 1986, 237 = NJW-RR 1986, 579.

[38] OLG Celle v. 1.2.2006 – 9 U 147/05, ZInsO 2006, 440 (443).

[39] OLG Celle v. 7.5.2008 – 9 U 191/07, GmbHR 2008, 1034; OLG Hamburg v. 29.12.2003 – 11 W 90/03, GmbHR 2004, 797.

[40] BGH v. 14.5.2007 – II ZR 48/06, ZIP 2007, 1265 zum Untreuetatbestand des § 266a StGB; u. U. sind Rücklagen zu bilden: Rodewald 2009, S. 1301 f.

7.4 Zivilrechtliche Konsequenzen der Insolvenzverschleppung ...

wird das Thema kontrovers diskutiert, nicht zuletzt durch zahleicher Rechtsprechungsentscheidungen in den letzten Jahren (Nentwig 2011, S. 346[41]).

Mittlerweile als geklärt angesehen werden kann, ohne dass auf die unterschiedliche Rechtsprechung des BGH in den zurückliegenden Jahren eingegangen werden muss (Nentwig 2011, S. 346), dass der Geschäftsführer mit der Sorgfalt eines ordentlichen Kaufmanns handelt – und ihn demnach keine Erstattungspflicht trifft – wenn er bei Insolvenzreife **Arbeitnehmeranteile** und Lohnsteuer abführt[42].

Für **Arbeitgeberanteile** gilt dies hingegen nicht: zwar fehlt es hier von vornherein an einer Strafbarkeit nach § 266a StGB, jedoch hat der Geschäftsführer gezahlte Beiträge zu erstatten (Große-Wilde 2010, S. 103, 106[43]).

▶ **Praxishinweis** Der Geschäftsführer sollte, wenn er Sozialversicherungsbeiträge nicht in voller Höhe zahlt bzw. zahlen kann, immer eine **Tilgungsbestimmung** – Zahlung nur auf die Arbeitnehmeranteile – treffen, da sonst ggf. eine anteilige Tilgung erfolgt (ebd.).

Nach wie vor in einer Konfliktsituation befindet sich der Geschäftsführer im Hinblick auf die abzuführende **Lohnsteuer**: nach BFH vom 23.9.2008[44] ist die Haftung gem. §§ 34, 69 AO nicht ausgeschlossen, wenn die Nichtzahlung der fälligen Steuern in die dreiwöchige Schonfrist fällt, die dem Geschäftsführer zur Massesicherung ab Feststellung der Zahlungsunfähigkeit eingeräumt ist. Der Geschäftsführer hätte nur rechtzeitig Insolvenzantrag stellen müssen[45].

Lediglich eine Haftung nach § 64 S. 2 GmbHG tritt nicht ein (Nentwig 2011, S. 346, 350[46]).

Vom Schutzzweck der Insolvenzantragspflicht **nicht** umfasst ist das von der Bundesagentur für Arbeit nach § 183 Abs. 3 SGB III zu zahlende Insolvenzgeld[47].

---

[41] Auch zu BGH v. 25.1.2011 – II ZR 196/09.

[42] BGH v. 25.1.2011 – II ZR 196/09, NZI 2011, 196 m. Anm. Poertzgen, GmbHR 2011, S. 367 u. Heinze, DZWIR 2011, S. 217; BGH v. 5.5.2008 – II ZR 38/07; BGH v. 8.6.2009 – II ZR 147/08, NJW 2009, 2599 = GmbHR 2009, 991.

[43] Unter Verweis auf BGH v. 8.6.2009 – II ZR 147/08, NJW 2009, 2599 = GmbHR 2009, 991.

[44] BFH v. 23.9.2008 – VII R 27/07, GmbHR 2009, 222 = DStZ 2009, 64 m. Anm. Rüsken, NWB 2009, S. 196.

[45] BFH v. 27.2.2007 – VII R 67/05, GmbHR 2007, 999 = ZIP 2007, 1604.

[46] Unter Verweis auf BGH v. 25.1.2011 – II ZR 196/09.

[47] BGH v. 26.6.1989 – II ZR 289/88, NJW 1989, 3277; jedoch Haftung nach § 826 BGB möglich, siehe BGH v. 18.12.2007 – VI ZR 231/06, NZI 2008, 242 m. krit. Anm. Beck, ZInsO 2008, S. 713.

7.4.4 Haftung des (Steuer-)Beraters aufgrund Vertrag mit Schutzwirkung zugunsten Dritter

Der Steuerberater haftet, wie schon mehrfach angesprochen, gegenüber dem Mandanten grundsätzlich aus § 280 BGB i. V. m. dem (jeweils geschlossenen Steuerberatungs-)Vertrag auf Ersatz desjenigen Schadens, der durch eine Pflichtverletzung entstanden ist.

Anspruchsberechtigt können neben dem eigenen Mandanten aber auch Dritte, d. h. außerhalb des Vertragsverhältnisses Stehende sein, etwa Gesellschaftsgläubiger, Kreditinstitute oder auch der Geschäftsführer der mandatierten GmbH, nach den **Grundsätzen des Vertrags mit Schutzwirkung zugunsten Dritter** (nicht zu verwechseln mit dem Vertrag zugunsten Dritter i. S. d. § 328 BGB; Plathner 2013, S. 1349).

Beim Vertrag mit Schutzwirkung zugunsten Dritter steht zwar die geschuldete Leistung dem Gläubiger – also dem Mandanten als Vertragspartner – zu. Jedoch kann ein Dritter in der Weise in die vertraglichen Sorgfalts- und Obhutspflichten einbezogen werden, dass er bei deren Verletzung vertragliche Schadensersatzansprüche geltend machen kann (Grüneberg 2015, § 328 Rn. 13)[48].

Haftungsrisiken gegenüber Dritten bestanden insbesondere für Steuerberater und Wirtschaftsprüfer schon immer, z. B. für die Erstellung von Sachverständigengutachten, Beteiligungsprospekten, Jahresabschlüssen oder bei gesetzlicher Abschlussprüfung und freiwilligen Prüfungen (Große-Wilde 2012, S. 274 ff.)[49].

So haftet der Steuerberater der Hausbank der (insolventen) Gesellschaft auf Ersatz des Schadens, welcher der Bank dadurch entstanden ist, dass sie im Vertrauen auf die Richtigkeit des vom Steuerberater erstellten Jahresabschlusses ihr Kreditengagement aufrechterhalten und erweitert hat[50].

In jedem Fall stehen dem Berater gegen den von Dritten geltend gemachten Schadensersatzanspruch die Einwendungen aus dem Beratungsvertrag gem. § 334 BGB zu, die er auch gegen den originären Vertragspartner hat. So kann der Steuerberater z. B. gegenüber dem Dritten die Einrede der Verjährung erheben, unterlassene Mitwirkungspflichten des Mandanten geltend machen o. ä.

In der 1. Auflage musste noch konstatiert werden, dass es keine höchstrichterlichen Entscheidungen des BGH zur Frage möglicher Hinweis- und Aufklärungspflichten des (Steuer-)Beraters zu einer Insolvenzreife des Mandanten = Krisenunternehmens gibt.

---

[48] Z. B. Einkommensteuererklärung für einen Mandanten, der mit seiner Ehefrau zusammenveranlagt wird: BGH v. 5.6.1985 – IVa ZR 55/83, NJW 1986, 1050=DB 1985, 2040; Steuerberatervertrag mit einer KG und Schutzwirkung für Kommanditisten: OLG Köln v. 13.11.2008 – 8 U 26/08, DB 2009, 278=DStR 2009, 555.

[49] Zur Haftung aufgrund Vertrag mit Schutzwirkung zugunsten Dritter aktuell BGH v. 24.4.2014 – III ZR 156/13, NJW 2014, 2345: Haftung des Wirtschaftsprüfers gegenüber dem Erwerber von Aktien wegen fehlerhaftem Testat in einem Wertpapierprospekt.

[50] BGH v. 20.6.2013 – IX ZR 61/10, GI 2013, 150.

Es gab lediglich verschiedene Entscheidungen mehrerer Instanzgerichte, aufgrund von Klagen von Insolvenzverwaltern, die sich mit der Frage der den Steuerberater treffenden Aufklärungs- und Hinweispflichten zur rechtzeitigen Stellung eines Insolvenzantrages auseinandersetzen. Dabei wurde auch in der Literatur kontrovers diskutiert, ob insbesondere der Geschäftsführer der mandatierten GmbH in den Schutzbereich eines Steuerberatungsvertrages einbezogen ist und der Steuerberater deshalb auch auf die rechtzeitige Stellung des Insolvenzantrags hinwirken muss, um eigener Haftung zu entgehen (Abschn. 2.4.2, auch zu den Entscheidungen der Instanzgerichte).

Nunmehr liegen mehrere Entscheidungen des BGH aus Ende 2011, 2012 und 2013 sowie nachfolgend aus 2014 vor (Brete 2014, S. 216 ff.).

Erstmals entschied der BGH mit Urteil vom 13.10.2011[51], dass die Leistungsnähe des Geschäftsführers zur pflichtgemäßen steuerlichen Beratung der mandatierten GmbH und dadurch vermeidbare Steuerfestsetzungen gegen die GmbH so groß ist, dass der Geschäftsführer in den Schutzbereich der verletzten Beratungspflicht einbezogen sein könne.

Dies hat der BGH mit Urteil vom 14.6.2012[52] bestätigt, wonach der Gesellschafter und Geschäftsführer einer GmbH in den Schutzbereich des zwischen GmbH und Steuerberater geschlossenen Vertrags einbezogen ist, der die Prüfung einer Insolvenzreife der GmbH zum Gegenstand hat (Peetz 2013, S. 630).

Bemerkenswert ist die Entscheidung allein deshalb, weil der BGH der Klägerin (Gesellschafter-Geschäftsführerin) als Dipl.-Volkswirtin und deren als stiller Gesellschafter an der GmbH beteiligten Ehemann als Rechtsanwalt (in Bürogemeinschaft mit dem beklagten Steuerberater) entgegen der Vorinstanz kein Sonderwissen zugerechnet hat. Der Ehemann habe lediglich aus ehelicher Fürsorge gefälligkeitshalber an einem persönlichen Gespräch mit der Klägerin und dem Steuerberater über die wirtschaftliche Situation der GmbH teilgenommen, bevor es nach Fertigstellung der Bilanzen zur Insolvenzantragstellung kam.

Sodann ergingen die Entscheidungen des BGH vom 7.3.2013 und 6.6.2013[53] (Römermann 2013, S. 513 ff.), die in der Literatur ein sehr großes Echo ausgelöst haben[54] und nicht ohne Kritik geblieben sind.

Römermann u. Praß (2013, S. 938 ff.) z. B. kritisieren zu Recht, dass die Rechtsprechung des BGH für den Praktiker nicht klar erkennen lasse, ob und unter welchen konkreten Voraussetzungen sich insbesondere der Steuerberater mit den von ihm gegenüber

---

[51] BGH v. 13.10.2011 – IX ZR 193/10, GmbHR 2012, 97.
[52] BGH v. v. 14.6.2012 – IX ZR 145/11, GmbHR 2012, 1009.
[53] BGH v. 7.3.2013 – IX ZR 64/12, ZWH 2013, 467 m. Anm. Sieg=GmbHR 2013, 543; BGH v. 6.6.2013 – IX ZR 204/12, ZWH 2013, 500 m. Anm. Püschel=GmbHR 2013, 934.
[54] Zu nennen sind in diesem Zusammenhang u. a. Berger 2013, S. 228 ff.; Brete 2014, S. 261; Ditges 2013, S. 2807 ff.; Ehlers 2014, S. 131 ff.; Fischer 2013, S. 2010 ff.; Gehrlein 2013, S. 961 ff.; Gilgan 2015, S. 1337, 1340 f.; Kayser 2014, S. 597 ff.; Löhrer 2013, S. 317 ff.; Plathner 2013, S. 1349 ff.; Pollanz 2014, S. 818 ff.; Römermann 2013, S. 513 ff.; Schaaf u. Mushardt 2013, S. 1890 ff.; Theiselmann u. Verhoeven 2015, S. 83 u. 142.

dem Geschäftsführer einer GmbH getätigten Aussagen bzw. Auskünften noch innerhalb seines Auftragsumfangs bewegt oder sich bereits „auf dem Gebiet des Insolvenzrechts vorgewagt" habe und „darin möglicherweise untergehe".

Schließlich hat der BGH in seiner Entscheidung vom 6.2.2014[55] wiederholt bestätigt, dass der Geschäftsführer einer GmbH grundsätzlich in den Schutzbereich des Steuerberatungsvertrags zwischen der GmbH und dem Steuerberater einbezogen ist, wenn es um die Frage der Überprüfung bzw. Feststellung der (möglichen) Insolvenzreife der GmbH im Zusammenhang mit der Jahresabschlusserstellung geht.

Die vorgenannten Entscheidungen des BGH bringen zwar noch keine abschließende Klarheit und Sicherheit[56]. Jedoch erscheint zumindest folgendes gesichert:

- Zum einen stellt der BGH klar, dass der Steuerberater, der lediglich mit der allgemeinen steuerlichen Beratung der GmbH beauftragt ist, nicht verpflichtet ist, die GmbH bzw. deren Geschäftsführer bei einer Unterdeckung in der Handelsbilanz ungefragt auf die Pflicht zur Überprüfung der Insolvenzreife hinzuweisen.
- Zum anderen hat der BGH entschieden, dass für eine Haftung nicht nur eine konkrete Erörterung über eine etwaige Insolvenzreife ausreichend sei, sondern bereits eine unverbindliche Diskussion über die wirtschaftliche Lage der GmbH genügen kann. Demnach kann sich der Steuerberater einer Haftung nur dann entziehen bzw. eine Haftung vermeiden, wenn er – so der BGH – auf Grundlage eines ihm erteilten besonderen Auftrags eine verbindliche gutachterliche Stellungnahme abgibt oder er muss den Mandanten z. B. bei fehlender Sachkunde auf die Klärung durch einen geeigneten Dritten verweisen.

Gerade letzteres erweist sich in der Praxis als problematisch, weil es realitätsfern ist anzunehmen, dass eine bilanzielle Unterdeckung bzw. ein nicht durch Eigenkapital gedeckter Fehlbetrag – als Indikator für eine insolvenzrechtliche Überschuldung – im Rahmen der Jahresabschlussbesprechung nicht zur Sprache käme[57].

Hinzu kommt, dass es originäre Pflicht des Organs der Kapitalgesellschaft und nicht des (Steuer-)Beraters ist, den Jahresabschluss auszuwerten und die gebotenen Konsequenzen daraus zu ziehen (Ditges 2011, S. 3131, 3134).

Dem Berater kann in der Konsequenz der Rechtsprechung des BGH genau genommen nur geraten werden, eine bilanzielle Überschuldung bzw. einen nicht durch Eigenkapital gedeckten Fehlbetrag nicht anzusprechen (Brete 2014, S. 216, 218; Theiselmann u. Verhoeven 2015, S. 142, 145).

---

[55] BGH v. 6.2.2014 – IX ZR 53/13, GmbHR 2014, 375 = NZI 2014, 308 m. Anm. Fuhst, DStR 2014, S. 976 u. Krösch, GWR 2014, S. 156; siehe danach noch BGH v. 20.3.2014 – IX ZR 293/12.

[56] Die BGH-Urteile geben zwar eine gewisse Orientierung, aber nur eingeschränkte Rechtssicherheit, so z. B. Pollanz 2014, S. 818 f.

[57] Ein negatives Eigenkapital provoziert geradezu Nachfragen/Äußerungen darüber, ob ein Insolvenzantrag erforderlich ist oder ob hinreichend stille Reserven vorhanden oder eine Fortbestehensprognose das negative Eigenkapital überkompensiert, so Pollanz 2014, S. 818 f.

Immerhin hat der BGH dem Steuerberater ein „Schlupfloch" gelassen, nämlich die Möglichkeit, den Mandanten (Geschäftsführer) bei fehlender Sachkunde zur Klärung der Insolvenzreife an einen geeigneten Dritten zu verweisen. Alternativ kann der Steuerberater sich zur Prüfung der Insolvenzreife einen gesonderten Auftrag für eine verbindliche gutachterliche Stellungnahme erteilen lassen.

Einwendungen, die der Berater gegen eine Inanspruchnahme durch den Insolvenzverwalter geltend machen kann:

- zur Verletzung der Hinweispflicht: der Geschäftsführer hatte Kenntnis von der Insolvenzreife bzw. dem Vorliegen von Insolvenzantragsgründen;
- zur Kausalität: der Geschäftsführer hatte Handlungsalternativen;
- zum Mitverschulden des Geschäftsführers: der Geschäftsführer hätte die Insolvenzreife selber erkennen können[58];
- zum Schaden: die Hinweispflicht des Beraters trat zu einem späteren Zeitpunkt ein, so dass der Verschleppungs- bzw. Vertiefungsschaden geringer ist, für den der Berater haftet;
- Es wurde eine Haftungsbeschränkung mit der Gesellschaft vereinbart[59].

▶ **Praxishinweis** Nach den angesprochenen Entscheidungen des BGH können folgende Hinweise gegeben werden (Brete 2014, S. 216, 220):

Der Steuerberater muss bei einem sich abzeichnenden Krisenmandat anlässlich der Jahresabschlussbesprechung oder immer dann, wenn der mit dem Geschäftsführer über die finanzielle Situation der GmbH bei Krisenanzeichen ins Gespräch kommt, den Geschäftsführer unmissverständlich darauf hinweisen, dass er im Rahmen des ihm erteilten rein steuerlichen Mandates keine Prüfung auch von (möglichen) Insolvenzantragsgründen vornehmen darf. Der Steuerberater muss den Geschäftsführer darauf verweisen, ihm einen besonderen Auftrag für eine verbindliche gutachterliche Stellungnahme zu erteilen oder er muss auf die Klärung durch einen geeigneten Dritten verweisen. Der entsprechende Hinweis ist nicht nur schriftlich zu dokumentieren, sondern sollte vom Geschäftsführer gegengezeichnet werden.

Soweit dies den Umständen nach möglich ist, sollte der Steuerberater die Jahresabschlussbesprechung oder Besprechungen zur finanziellen Situation der GmbH nicht allein führen, sondern z. B. einen Mitarbeiter (Sachbearbeiter Buchführung/Jahresabschluss) als Zeugen hinzuziehen. Auch sollte über die Besprechung ein (kurzes) Gesprächsprotokoll angefertigt werden, welches unkompliziert z. B. per E-Mail an den Mandanten verschickt werden kann. Hierin kann der Steuerberater nochmals ausdrücklich darauf hinweisen, dass er den Geschäftsführer auf eine gesonderte Auftragserteilung oder die Inan-

---

[58] Siehe aber BGH v. 14.6.2012 – IX ZR 145/11, GmbHR 2012, 1009.
[59] Siehe OLG Koblenz v. 23.1.2013 – 5 U 819/12 (rkr.).

spruchnahme externer Beratung hingewiesen hat und dass keine insolvenzrechtlichen Beratung/Prüfung stattgefunden hat.

Unter keinen Umständen darf der Steuerberater, so wie dies in der Vergangenheit vielfach geschehen ist, im Anhang des Jahresabschlusses sinngemäß einen Hinweis auf eine bilanzielle Unterdeckung aufnehmen, die jedoch (gemäß der Auskunft der Geschäftsführung) keine insolvenzrechtliche Überschuldung darstelle, da die Fortführung des Unternehmens positiv gesehen bzw. bewertet werde. Ein solcher Hinweis deutet immer darauf hin, dass der Steuerberater eine mögliche Insolvenzreife mit dem Geschäftsführer besprochen hat. Ob der Steuerberater sich hierbei im Sinne der Rechtsprechung des BGH ausreichend exkulpieren kann, darf bezweifelt werden (Theiselmann u. Verhoeven 2015, S. 142, 145).

In Betracht kommt weiter eine Haftungsbeschränkung bzw. ein Haftungsausschluss in den Allgemeinen Auftragsbedingungen des Steuerberaters auch gegenüber Dritten, also dem Geschäftsführer einer GmbH, deren Zulässigkeit derzeit allerdings höchstrichterlich nicht geklärt ist (Ehlers 2014, S. 131 f.[60]).

7.5 Strafrechtliche Konsequenzen der Insolvenzverschleppung für Mandant und Berater

7.5.1 Geschäftsführer

Die strafrechtlichen Konsequenzen einer Insolvenzverschleppung für den Geschäftsführer sind in § 15a Abs. 4 und 5 InsO geregelt.

Gemäß § 15a Abs. 4 InsO wird derjenige mit Freiheitsstrafe bis zu drei Jahren oder mit Geldstrafe bestraft, wer entgegen Abs. 1 Satz 1, auch in Verbindung mit Satz 2 oder Abs. 2 oder Abs. 3, einen Insolvenzantrag nicht, nicht richtig oder nicht rechtzeitig stellt.

Konkret hat der Geschäftsführer ohne schuldhaftes Zögern spätestens **drei Wochen** nach Eintritt der Zahlungsunfähigkeit und/oder Überschuldung einen Insolvenzantrag zu stellen, damit er nicht strafrechtlich belangt wird.

Nach der oben bereits angesprochenen Änderung durch das MoMiG gilt dies nun auch bei **Führungslosigkeit** der Gesellschaft für die Gesellschafter.

Nach Abs. 5 des § 15a InsO gilt dies für den Geschäftsführer – und bei Führungslosigkeit für den Gesellschafter – auch bei fahrlässiger Begehung.

Ebenso haftet der **faktische Geschäftsführer** nach § 15a InsO bei Vorliegen der Voraussetzungen, wie der BGH[61] erst jüngst wieder entschieden hat (von Bergmann 2014, S. 81).

---

[60] Unter Hinweis auf OLG Koblenz v. 23.1.2013 – 5 U 819/12 (rkr.), DStR 2013, das eine Haftungsbeschränkung für zulässig erachtet hat; bejahend auch Berger 2013, S. 228 u. Römermann 2013, S. 513 (518).

[61] BGH v. 18.12.2014 – 4 StR 323/14, NJW 2015, 712 = NZI 2015, 186 m. w. N.

7.5.2 Berater

Der Berater kann aus den unterschiedlichsten Gründen in strafbarer Art und Weise mit Insolvenzdelikten in Verbindung geraten, sowohl als (Mit-)Täter oder Gehilfe (Knierim 2012, Rn. 1288 ff.).

In einer Krisensituation wendet sich der Mandant meist als erstes an seinen Steuerberater, der ihm in der Vergangenheit im Regelfall gute Dienste bei der Bewältigung anstehender steuerlicher und wirtschaftlicher Fragen geleistet hat. Der Steuerberater wird einem ratsuchenden Mandanten seine Hilfe kaum verwehren können, wenn dieser nach Wegen sucht, die Insolvenz zu vermeiden und ihm tatkräftig Unterstützung gewähren. Soweit sich diese Unterstützung im gesetzlichen zulässigen Rahmen hält, ist dem nichts entgegenzuhalten.

Allerdings darf aus der umfassenden Beratung natürlich keine Anleitung zur Begehung von Straftaten werden, zumal gerade der Steuerberater – wie natürlich auch der Rechtsanwalt oder Wirtschaftsprüfer – formal legale Gestaltungsmöglichkeiten zur Umgehung bestehender Verpflichtungen kennt und empfehlen könnte.

Die Frage, ob der Berater als Täter oder Teilnehmer eines Insolvenzdelikts in Betracht kommt, richtet sich nach allgemeinen strafrechtlichen Abgrenzungskriterien (Fischer 2015, vor § 25 Rn. 1a ff.).

Eine Teilnahme kann in Form der Anstiftung oder Beihilfe (Bales 2010, S. 2073 ff.; Lange 2007, S. 954; Ringstmeier 2008, § 5 Rn. 53) vorliegen, sie ist nach den §§ 26 und 27 StGB mit Strafe bedroht.

Anstifter ist nach § 26 StGB derjenige, der einen anderen zu einer Straftat bewegt, also einen entsprechenden fremden Tatentschluss hervorruft. Ist der andere bereits entschlossen, eine Straftat zu begehen, scheidet eine vollendete Anstiftung aus; es ist gegebenenfalls nur deren Versuch noch möglich (Fischer 2015, § 26 Rn. 3).

Derartige Handlungen sind bei allen Insolvenzstraftaten der §§ 283 ff. StGB vorstellbar (Bales 2010, S. 2073, 2076 f.). Denkbar sind z. B. Hinweise gegenüber dem Unternehmer, durch fingierte oder rückdatierte Sicherungsübereignungen Vermögensgegenstände beiseite zu schaffen. Diese „Straftatberatung" entspringt häufig dem Wunsch des Steuerberaters, dem langjährigen Mandanten bis zuletzt nach Kräften zu helfen und beispielsweise einen unternehmerischen Neuanfang – z. B. unter Verwendung beiseite geschaffter Vermögensgegenstände – zu ermöglichen.

Eine Anstiftung kommt selten vor. Vielmehr hat die Vorschrift des § 27 StGB, welche die Strafbarkeit der Beihilfe regelt, weitaus größere Bedeutung.

Eine **Beihilfe** liegt vor, wenn der Gehilfe einem Straftäter bei dessen Tat auf irgendeine Art und Weise unterstützend zur Seite steht, wobei es genügt, dass die Hilfestellung den Haupttäter irgendwie unterstützt; der Rahmen des strafbaren Verhaltens ist dementsprechend sehr weit gefasst (Fischer[62] 2015, § 27 Rn. 2; Froehner 2011, S. 1617).

---

[62] Zur Beihilfe bei Insolvenzverschleppung, Betrug und vorsätzlicher sittenwidriger Schädigung.

Beihilfe leistet hiernach der Berater, der in Kenntnis der wahren Umstände fingierte Sicherungsübereignungsvereinbarungen konzipiert oder ein Verschieben von Vermögenswerten mit Hilfe von (regelmäßig rückdatierten) Treuhandverträgen und dergleichen zu gewährleisten sucht.

Jeder Berater kann schnell in einen Konflikt zwischen den Mandanteninteressen und den rechtlichen Möglichkeiten, diese optimal umzusetzen, geraten. Die bloße rechtliche bzw. steuerliche objektive Beratung ist strafrechtlich grundsätzlich nicht relevant. Es ist ureigenste Aufgabe der Angehörigen der rechts- und steuerberatenden Berufe, entsprechende Anfragen zu beantworten und Gestaltungsvorschläge zu machen. Vielfach wird der Steuerberater indes bemerken, dass der Mandant die ihm erteilten Ratschläge zum Begehen von Straftaten ausnutzen will.

Der BGH[63] hat sich mehrfach mit der Frage beschäftigt, unter welchen Bedingungen äußerlich neutrale Handlungen eines Beraters strafrechtlich relevant werden können. Für den Beihilfevorsatz eines herangezogenen firmenexternen Beraters sind folgende – allgemein für berufstypische „neutrale" Handlungen geltende – Grundsätze zu beachten:

> Zielt das Handeln des Haupttäters ausschließlich darauf ab, eine strafbare Handlung zu begehen, und weiß dies der Hilfeleistende, so ist sein Tatbeitrag als Beihilfehandlung zu werten. In diesem Fall verliert sein Tun stets den „Alltagscharakter"; es ist als „Solidarisierung" mit dem Täter zu deuten ... und dann auch nicht mehr als „sozialadäquat"... Weiß der Hilfeleistende dagegen nicht, wie der von ihm geleistete Beitrag vom Haupttäter verwendet wird, hält er es lediglich für möglich, dass sein Tun zur Begehung einer Straftat genutzt wird, so ist sein Handeln regelmäßig noch nicht als strafbare Beihilfehandlung zu beurteilen, es sei denn, das von ihm erkannte Risiko strafbaren Verhaltens des von ihm Unterstützten war derart hoch, dass er sich mit seiner Hilfeleistung „die Förderung eines erkennbar tatgeneigten Täters angelegen sein" ließ.

Auf den Berater, der die „Straftatgeneigtheit" seines Mandanten erkennt, übertragen heißt dies: realisiert der Steuerberater – z. B. aufgrund eindeutiger Angaben seines Mandanten im Rahmen eines Beratungsgesprächs – sicher, dass sein Rat die Tat des anderen fördern wird, weiß er also definitiv um seine fördernde Rolle, macht er sich wegen Beihilfe strafbar. In allen anderen Fällen bleibt er straflos.

Der Berater ist von Berufs wegen zur Erteilung von Auskünften und Ratschlägen nach besten Wissen berufen und darf daher auch dann beraten, wenn er damit rechnet, der Beratene werde seine Auskünfte missbräuchlich oder in strafbarer Weise weiterverwenden. Prinzipiell ist davon auszugehen, dass ein Berater lediglich Rat und Auskunft in Erfüllung seiner Berufspflichten erteilt.

Eine Ausnahme gilt immer für den Fall, in dem eine nichtdeliktische Verwendung bzw. Umsetzung des Rates ausgeschlossen erscheint. Dann geht der Berater stets ein rechtlich

---

[63] BGH v. 18.6.2003 – 5 StR 489/02, NJW 2003, 2996=NStZ 2004, 41; BGH v. 20.9.1999 – 5 StR 729/98, wistra 1999, 459=StV 2000, 479=NStZ 2000, 34; BGH v. 2.2.2000 – 1 StR 597/99, wistra 2000, 257=NStZ 2000, 524; so aktuell auch OLG Köln v. 3.12.2010 – 1 Ws 146/10, ZInsO 2011, 288=DStR 2011, 1195 m. Anm. Eichborn, DStR 2011, S. 1196.

nicht mehr erlaubtes Risiko ein. Im Zweifel, ob ein gegebener Rat vom Mandanten sicher missbraucht werden wird, sollte der Steuerberater schon aus Gründen des Eigenschutzes das Mandat niederlegen.

Täterschaftliches Handeln eines Beraters im Bereich der Insolvenzdelikte kommt vor allem bei den Buchführungs- und Bilanzdelikten, also den §§ 283 Abs. 1 Nr. 5 und 7 sowie 283b StGB, in Betracht.

Aus langjähriger Verbundenheit zum Mandanten kann es vorkommen, dass der Versuch unternommen wird, Bilanzen oder die Buchhaltung zu „schönen". Diese auf sicherlich falsch verstandener Auffassung von den Aufgaben eines Steuerberaters beruhenden Hilfeleistungen erfüllen in der Regel zumindest den Tatbestand der Beihilfe zu den Straftaten des insolventen Unternehmers.

Oft benutzt der Mandant die unrichtigen Bilanzen, um bei Kreditinstituten oder Warenkreditgebern eine tatsächlich unzutreffende Darstellung der realen wirtschaftlichen Verhältnisse seines Unternehmens zu geben. Erreicht der Mandant dadurch beispielsweise weitere Darlehensauszahlungen oder Warenlieferungen, kann seinen Verbindlichkeiten dann aber nicht nachkommen, sieht er sich häufig Vorwürfen ausgesetzt, die Geschädigten betrogen (§ 263 StGB) oder Kreditbetrug (§ 265b StGB) begangen zu haben (Weyand u. Diversy 2013, Rn. 207).

Der Berater hat in solchen Fällen mit dem Vorwurf der Beihilfe zu diesen Taten zu rechnen. Auch wenn den Steuerberater im Einzelfall keine strafrechtlichen Konsequenzen treffen sollten, so werden die Geschädigten zumindest zivilrechtliche Schadensersatzansprüche gegen den Steuerberater geltend machen. In solchen Konstellationen kommt eine Inanspruchnahme aus § 823 Abs. 2 BGB i. V. m. § 263 StGB in Betracht.

Mandanten, die Buchführungs- bzw. Bilanzierungspflichten treffen, bedienen sich für das Führen der Bücher bzw. des Erstellens von Jahresabschlüssen oft ihres Steuerberaters. Sofern ein Steuerberater eine solche Tätigkeit für seinen Mandanten ausführt, kann in diesen Fällen eine strafrechtliche Verfolgung gem. § 14 Abs. 2 Nr. 2 StGB in Betracht kommen (ebd.).

Voraussetzungen des § 14 Abs. 2 Nr. 2 StGB sind, dass der Steuerberater durch den Unternehmer bzw. den Geschäftsführer ausdrücklich beauftragt worden ist, in eigener Verantwortung die Aufgaben wahrzunehmen, die an sich den für das Unternehmen Verantwortlichen treffen. Eine Strafbarkeit des Steuerberaters kommt dann in der Regel in Betracht, wenn der Steuerberater die Buchhaltungsaufgaben eigenverantwortlich übernommen hat, diese jedoch inhaltlich schlecht oder verspätet ausführt.

Sofern der Steuerberater nur die Bilanzerstellung vornehmen soll, drohen ihm vor allem durch die häufigen Überschreitungen der Bilanzierungsfristen strafrechtliche Gefahren. Viele Steuerberater verkennen, dass – anders als beim Finanzamt, welches Fristverlängerungen gewährt – die existierenden handelsrechtlichen Bilanzierungsfristen nicht verlängert werden können. Wird eine solche handelsrechtliche Frist nicht eingehalten, kann der Steuerberater sich zumindest wegen eines fahrlässig begangenen Bankrottdeliktes gem. § 14 Abs. 2 Nr. 2 strafbar machen (Fischer 2015, § 14 Rn. 10 ff.).

Hat ein Steuerberater die Bilanzierung oder Buchführung im Wege der oben aufgezeigten Delegation übernommen und kann er ihnen deshalb nicht nachkommen, weil der Mandant die erforderlichen Unterlagen nicht beibringt, so kann der Steuerberater sich der strafrechtlichen Verantwortlichkeit nur dadurch entziehen, dass er das Mandat niederlegt. Ansonsten bleibt der Steuerberater bis zu diesem Zeitpunkt derjenige, der für die Erstellung von Buchhaltung bzw. Bilanzen verantwortlich ist.

Sofern der Berater auch als Sanierer fungiert, kann er leicht in die Rolle eines faktischen Geschäftsführers geraten. Diesbezüglich können den Steuerberater dann auch strafrechtliche Konsequenzen treffen.

7.5.3 Pflicht des (Steuer-)Beraters zur Mandatsniederlegung

Kontrovers diskutiert – und bislang nicht abschließend geklärt – wird die Frage, ob der Steuerberater bei drohender oder bereits eingetretener Krise des Mandanten das Mandat niederlegen muss, um sich nicht selbst in die Gefahr zivil- und insbesondere auch strafrechtlicher Verantwortlichkeit zu bringen (Kaiser u. Oetjen 2011, S. 2488).

Die bisherige Rechtsprechung[64] verneint eine Pflicht zur Mandatsniederlegung bzw. sieht in der Mandatsfortführung trotz sich abzeichnender oder eingetretener Krise (noch) keine strafbare Beihilfehandlung. Nach LG Koblenz[65] ist der Steuerberater deshalb nicht zur Mandatsniederlegung verpflichtet, weil er dem Mandanten lediglich bei der Erfüllung seiner steuerlichen Pflichten hilft, die auch bei Insolvenzreife nach § 155 Abs. 1 InsO fortbestehen.

Demgegenüber vertreten Teile der Literatur die Auffassung, dass der Steuerberater das Mandatsverhältnis durch Kündigung beenden müsse, wenn für den Mandanten die Pflicht i. S. d. § 15a InsO besteht, die Eröffnung des Insolvenzverfahrens zu beantragen (Wagner u. Zabel 2008, S. 660 f.; Wagner 2009, S. 449, 453; Schmittmann 2011, S. 105, 107; ders. 2008, S. 1170, 1173; Zugehör 2008, S. 652, 658; Weber u. Buchert 2009, S. 1731; Ehlers 2011, S. 3120, 3124). Argumentiert wird im Wesentlichen damit, dass der Steuerberater, der trotz Insolvenzantragspflicht weiterhin für den Mandanten tätig wird, diesem den Eindruck vermittle, dass (noch) kein akuter Handlungsbedarf bestehe (Wagner 2009, S. 449, 453).

Eine etwas differenzierendere Auffassung vertreten Kaiser und Oetjen (2011, S. 2488, 2490 ff.). Anknüpfungspunkt soll die Belehrungspflicht bzw. Belehrungsbedürftigkeit des Mandanten sein. Eine Pflicht zur Mandatsniederlegung soll hiernach nur dann bestehen, wenn der Steuerberater entweder gar nicht aufgeklärt oder jedenfalls nicht dafür gesorgt hat, dass sich der Mandant qualifizierten Rat von dritter Seite holt. Zur Begründung wird

---

[64] OLG Köln v. 3.12.2010 – 1 Ws 146/10, ZInsO 2011, 288=DStR 2011, 1195 m. Anm. Eichborn, DStR 2011, S. 1196; LG Koblenz v. 22.7. 2009 – 15 O 397/08, DStRE 2010, 647=Stbg 2009, 512 n. rkr.

[65] LG Koblenz v. 22.7. 2009 – 15 O 397/08, DStRE 2010, 647=Stbg 2009, 512 n. rkr.

auch hier darauf verwiesen, dass der Steuerberater, der erkennt, dass der Mandant trotz Belehrung oder eigener Kenntnis keinen akuten Handlungsbedarf sieht, diesen noch darin bestärke, dass kein Handlungsbedarf bestehe.

▶ **Praxishinweis** Solange die Frage, ob der Berater zur Mandatsniederlegung bei drohender oder bereits eingetretener Krise des Mandanten verpflichtet ist, nicht höchstrichterlich geklärt ist, sollte der Berater unbedingt schriftlich gegenüber dem Mandanten dokumentieren, dass er nicht nur auf die Eröffnungsvoraussetzungen „Zahlungsunfähigkeit und Überschuldung" hingewiesen und belehrt hat, sondern auch über die sich daraus ergebende Insolvenzantragspflicht. Nur so kann der Berater zeigen und ggf. später nachweisen, dass er sich von jeglichem strafbaren Verhalten des Mandanten distanziert (Ehlers 2011, S. 3120, 3124)[66].

Literatur

Bales, Klaus. 2010. Zivil- und strafrechtliche Haftungsgefahren für Berater und Insolvenzverwalter in der Krise und der Insolvenz. *Zeitschrift für das gesamte Insolvenzrecht* 2073 ff.

Bales, Klaus. 2011. Welche Haftungsgefahren drohen Geschäftsführern und Gesellschaftern in der Krise und der Insolvenz unter Berücksichtigung des MoMiG? *InsbürO – Zeitschrift für Insolvenzsachbearbeitung und Entschuldungsverfahren* 57 ff.

Barthel, Dirk. 2010. Reichweite des Insolvenzantragsrechts nach § 15 Abs. 1 Satz 2 InsO in Fällen der Führungslosigkeit einer juristischen Person. *Zeitschrift für das gesamte Insolvenzrecht* 1776.

Bauer, Joachim. 2010. In *Die GmbH in Krise, Sanierung und Insolvenz*, Hrsg. Karsten Schmidt und Wilhelm Uhlenbruck, 4. Aufl. Rn. 996. Berlin: Schmidt.

Berger, Christian. 2009. Insolvenzantragspflicht bei Führungslosigkeit der Gesellschaft nach § 15a III InsO. *Zeitschrift für das gesamte Insolvenzrecht* 1977 ff.

Berger, Jürgen. 2013. Die Haftung des Steuerberaters wegen Insolvenzverschleppung. *Krisen-, Sanierungs- und Insolvenzberatung* 228.

Bergmann, Marcus. 2014. Die Insolvenzverschleppung nach § 15 a IV InsO durch einen nur faktischen Geschäftsführer. *Neue Zeitschrift für Wirtschafts-, Steuer- und Unternehmensstrafrecht* 81.

Brand, Christian, und Marco Brand. 2010. Die insolvenzrechtliche Führungslosigkeit und das Institut des faktischen Organs. *Neue Zeitschrift für das Recht der Insolvenz und Sanierung* 712.

Brete, Raik. 2014. Haftung des Steuerberaters für Insolvenzverschleppungsschäden aus Vertrag mit Schutzwirkung zugunsten Dritter. *Zeitschrift für Wirtschaftsstrafrecht und Haftung im Unternehmen* 216.

Brete, Raik, und Michael Thomsen. 2008. Zahlungsunfähigkeit nach § 17 InsO und streitige Steuerfestsetzungen als Haftungs- und Strafbarkeitsfalle für Geschäftsführer nun auch für Gesellschafter. Oder: sind einwendungs- bzw. einredebehaftete Forderungen fällig im Sinne des § 17 InsO? *GmbH-Rundschau* 912.

---

[66] Als Negativbeispiel kann das Zitat einer beschuldigten Steuerberaterin aus einer Ermittlungsakte dienen: *„Werner, es sieht ziemlich eng aus, bei einer verschleppten Insolvenz hast du ein Problem."*, Nachweis bei Schmittmann 2011, S. 105, 107.

Brete, Raik, und Michael Thomsen. 2009. Die rechtsformneutrale Insolvenzantragspflicht nach § 15a InsO. *Krisen-, Sanierungs- und Insolvenzberatung*, 66, 69 ff.

Brettner, Ronald. 2013. *Die Strafbarkeit wegen Insolvenzverschleppung gemäß § 15a InsO*. Berlin: Berliner Wissenschafts-Verlag.

Brügge, Michael. 2013. Aktuelle Rechtsprechung des BGH zur vertraglichen Dritthaftung des Steuerberaters. Teil I. *GI service* 6.

Bundesgesetzblatt BGBl am 28.10. 2008, 2026.

Bußhardt, Harald. 2014. In *Insolvenzordnung (InsO),* Hrsg. Eberhard Braun, 6. Aufl. § 15a Rn. 2, 15. München: Beck.

Buth, Andrea K., und Michael Hermanns. 2010. Anforderungen an die Erstellung von Sanierungskonzepten nach dem neuen IDW S6. *Deutsches Steuerrecht* 288.

Dannecker, Gerhard, und Andrea Hagemeier. 2012. In *Insolvenzstrafsachen,* Hrsg. Gerhard Dannecker, Thomas Knierim, und Andrea Hagemeier, 2. Aufl. Rn. 1288 ff. Heidelberg: Müller.

Ditges, Thomas. 2011. Rechtsprechung vs. Literatur – Hinweispflichten des Beraters bei Insolvenzreife des Unternehmens. *NWB* 3131.

Ditges, Thomas. 2013. Prüfung der Insolvenzreife und Haftung des Steuerberaters. *Neue Juristische Wochenschrift* 2807.

Ehlers, Michael. 2011. Das Insolvenzrecht als Betätigungsfeld für den Steuerberater. *NWB* 3120.

Ehlers, Michael. 2014. Krisenberater unter Druck. *Betriebs-Berater* 131.

Eickes, Stefan. 2014. *Zum Grundsatz der Unternehmensfortführung in der Insolvenz*, Diss. 18 ff. Wiesbaden: Gabler.

Fischer, Thomas. 2015. *Strafgesetzbuch*. 62. Aufl. § 14 Rn. 10 ff., § 26 Rn. 3., § 27 Rn. 2, § 25 Rn. 1a ff. München: Beck.

Fleischer, Holger, und Klaus Schmolke. 2011. Faktische Geschäftsführung in der Sanierungssituation. *WM Zeitschrift für Wirtschafts- und Bankrecht* 1009.

Frege, Michael C. 2006. Grundlagen und Grenzen der Sanierungsberatung. *Neue Zeitschrift für das Recht der Insolvenz und Sanierung* 545 ff.

Freitag, Robert. 2014. Insolvenzverschleppungshaftung als ausschließliche Außenhaftung. *Neue Zeitschrift für Gesellschaftsrecht* 447.

Froehner, Jan. 2011. Deliktische Haftung für die Beihilfe zur Insolvenzverschleppung gegenüber dem Neugläubiger. *Zeitschrift für das gesamte Insolvenzrecht* 1617 ff.

Frystatzki, Christian. 2014. Die Beurteilung des Vorliegens von Insolvenzeröffnungsgründen – Entwurf eines neuen Standards des Instituts der Wirtschaftsprüfer (IDW ES 11). *Neue Zeitschrift für Insolvenz- und Sanierungsrecht* 840.

Gehrlein, Markus. 2005. Haftung des faktischer GmbH-Geschäftsführers. *Betriebs-Berater* 1867.

Gehrlein, Markus. 2013. Höchstrichterliche Rechtsprechung zur Haftung des Steuerberaters wegen fehlerhafter Insolvenzprüfung. *Neue Zeitschrift für Gesellschaftsrecht* 961.

Geißler, Markus. 2010. Die gesetzlichen Veranlassungen zur Einberufung einer GmbH-Gesellschafterversammlung. *GmbH-Rundschau* 457.

Geißler, Markus. 2011. Verhaltensmaßnahmen und Rechtspflichten des Geschäftsführers in der Krise der GmbH. *Deutsche Zeitschrift für Wirtschafts- und Insolvenzrecht* 309, 313 ff.

Gilgan, Hans-Günther. 2015. Beratungs- und Belehrungspflichten des Steuerberaters. *NWB* 1337.

Greil, Stefan, und Eva Herden. 2011. Herden Drohende Zahlungsunfähigkeit und Fortbestehensprognose. *Zeitschrift für das gesamte Insolvenzrecht* 109.

Groß, Paul J. 2015. Die Erstellung und Plausibilisierung einer Fortbestehensprognose. *Krisen-, Sanierungs- und Insolvenzberatung* 5, 60, 106.

Große-Wilde, Franz M. 2010. Haftungsrisiken für Gesellschafter-GF in Krise und Insolvenz – Typische Probleme und Lösungshinweise. *GmbH-Steuerberater* 103.

Große-Wilde, Franz M. 2012. Haftung des Steuerberaters. *GmbH-Rundschau* 274.

Grüneberg, Christian. 2015. *Palandt Bürgerliches Gesetzbuch*. 74. Aufl. § 328 Rn. 13. München: Beck.
Gundlach, Ulf, und Udo Müller. 2011. Der Insolvenzantrag des faktischen GmbH-Geschäftsführers. *Zeitschrift für das gesamte Insolvenzrecht* 1055.
Hefendehl, Roland. 2011. Der Straftatbestand der Insolvenzverschleppung und die unstete Wirtschaft: Ausländische Gesellschaftsformen – faktische Organe – Führungslosigkeit. *ZIP – Zeitschrift für Wirtschaftsrecht* 601.
Henkel, Andreas. 2011. Die Prüfung des Eröffnungsgrundes durch das Insolvenzgericht bei Ableitung aus einer streitigen Verbindlichkeit. *Zeitschrift für das gesamte Insolvenzrecht* 1237.
http://www.bauerundkollegen.com. Zugegriffen: 19. Juni 2015.
http://www.insolvenzdelikte.de. Zugegriffen: 12. Mai 2015.
http://www.insolvenzrecht.jurion.de/zinso/newsletter.de. Zugegriffen: 19. Juni 2015.
Ischebeck, Lars. 2009. Die Sorgfalt eines ordentlichen Geschäftsmanns und das Strafrecht in der Unternehmenskrise. *wistra* 95.
Kahlert, Günter. 2015. Steuerbilanzielle Behandlung des Rangrücktritts nach dem Konzept des IX. Senats des BGH. *Deutsches Steuerrecht* 734.
Kaiser, Thomas, und Kerstin Oetjen. 2011. Die Pflicht des Beraters zur Mandatskündigung in der Krise des Mandanten. *Deutsches Steuerrecht* 2488.
Kayser, Godehard. 2014. Beraterhaftung für falsche oder unterlassene Auskünfte zur Insolvenzreife. *Zeitschrift für Wirtschaftsrecht* 597.
Kirchhof, Hans-Peter. 2005. Anfechtbarkeit der Vergütung vorinsolvenzlicher Berater und Vertreter des Schuldners im folgenden Insolvenzverfahren. *Zeitschrift für das gesamte Insolvenzrecht* 340.
Kleindiek, Detlef. 2014. In *Heidelberger Kommentar zur Insolvenzordnung,* Hrsg. Gerhart Kreft, 7. Aufl. § 15a Rn. 24 ff., § 35 Rn. 107 ff. Karlsruhe: Müller.
Knierim, Thomas. 2012. In *Insolvenzstrafsachen,* Hrsg. Gerhard Dannecker, Thomas Knierim, und Andrea Hagemeier, 2. Aufl. Rn. 1288 ff. Heidelberg: Müller.
Konu, Metin, Yavuz Topoglu, und Salvatore Calcagno. 2010. § 15 a III InsO – Positive Kenntnis oder Kennenmüssen? *Neue Zeitschrift für das Recht der Insolvenz und Sanierung* 244.
Krumm, Marcel, und Sarah Wolf. 2010. Die handlungs- und prozessunfähige GmbH. *NWB* 438.
Lange, Carsten. 2007. Schadensersatzpflicht des Steuerberaters wegen Beihilfe zur Insolvenzverschleppung eines GmbH-Geschäftsführers. *Deutsches Steuerrecht* 954.
Leinekugel, Rolf, und Dominik Skauradszun. 2011. Geschäftsführerhaftung bei eigenmächtig gestelltem Insolvenzantrag wegen bloß drohender Zahlungsunfähigkeit – Das Spannungsfeld zwischen Sanierungspflicht und Insolvenzantragspflicht. *GmbH-Rundschau* 1121.
Löhrer, Tim. 2013. Haftung des Steuerberaters bei Insolvenzreife der GmbH. *GmbH-Steuerberater* 317.
Löser, Arne. 2010. Erstreckt sich die Insolvenzantragspflicht des GmbH-Gesellschafters bei Führungslosigkeit einer Komplementär-GmbH auf das Vermögen der GmbH & Co. KG? *Zeitschrift für das gesamte Insolvenzrecht* 799.
Müller-Gugenberger, Christian. 2009. GmbH-Strafrecht nach der Reform. *GmbH-Rundschau* 578 ff.
Nentwig, Martin. 2011. Erstattungspflicht für während der Insolvenzantragspflicht geleistete Sozialversicherungsbeiträge. *GmbH-Rundschau* 346 ff.
Olbing, Klaus. 2010. In *Tax compliance,* Hrsg. Michael Streck, Alexandra Mack, und Rolf Schwedhelm, 497. Berlin: Schmidt.
Passarge, Malte. 2010. Zum Begriff der Führungslosigkeit – scharfes Schwert gegen Missbrauch oder nur theoretischer Papiertiger? *GmbH-Rundschau* 295.
Passarge, Malte, und Raik Brete. 2011. Führungslosigkeit in Theorie und Praxis – eine kritische Bestandsaufnahme. *Zeitschrift für das gesamte Insolvenzrecht* 1293, 1297 ff.
Plathner, Jan Markus. 2013. Risiken des steuerlichen Beraters bei insolvenzgefährdeten Mandanten. *Deutsches Steuerrecht* 1349.

Pollanz, Manfred. 2014. Jahresabschlussbezogene Praxisfragen und Verhaltensweisen im Lichte der jüngsten BGH-Rechtsprechung zur Steuerberaterhaftung – Entwarnung oder Verwarnung? *Deutsches Steuerrecht* 818.

Ringstmeier, Andreas. 2008. In *Anwaltshandbuch Insolvenzrecht,* Hrsg. Hans P. Runkel, Michael Dahl, Vera Drees, und Achim Frank, 2. Aufl. § 5 Rn. 53. Berlin: Schmidt.

Rodewald, Jörg. 2009. Alte und neue Haftungsrisiken für GmbH-Geschäftsführer vor und in der Krise oder Insolvenz. *GmbH-Rundschau* 1301.

Römermann, Volker. 2010a. Aktuelles zur Insolvenzantragspflicht nach § 15a InsO. *Neue Zeitschrift für das Recht der Insolvenz und Sanierung* 241 ff.

Römermann, Volker. 2010b. Wehe dem, der einen nicht richtigen Insolvenzantrag stellt! – Für eine Anwendung des vergessenen § 15a Abs. 4 InsO. *Neue Zeitschrift für das Recht der Insolvenz und Sanierung* 353.

Römermann, Volker. 2013. Steuerberater: Geborene Mittäter bei Insolvenzverschleppung? – Zugleich Anmerkung zum BGH-Urteil vom 7.3.2013 – IX ZR 64/12. *GmbH-Rundschau* 513.

Römermann, Volker, und Jan-Philipp Praß. 2013. Haftung des Beraters: Verspätete Stellung eines Insolvenzantrages infolge pflichtwidriger Verkennung einer insolvenzrechtlichen Überschuldung. *GmbH-Rundschau* 938.

Schaaf, Rainer, und Anne Mushardt. 2013. Zur Hinweispflicht des Steuerberaters bezüglich einer insolvenzrechtlichen Überschuldung. *Der Betrieb* 1890.

Schmidt, Karsten. 2009. In *Die GmbH in Krise, Sanierung und Insolvenz*, Hrsg. Karsten Schmidt und Wilhelm Uhlenbruck, 4. Aufl. Rn. 11.1 ff. Berlin: Schmidt.

Schmidt, Karsten. 2015a. Ersatzpflicht bei „verbotenen Zahlungen" aus insolventen Gesellschaften: Ist der haftungsrechtliche Kampfhund zähmbar? *Neue Zeitschrift für Gesellschaftsrecht* 129.

Schmidt, Karsten. 2015b. Rangrücktritt insolvenzrechtlich/Rangrücktritt steuerrechtlich. *Der Betrieb* 600.

Schmittmann, Jens M. 2011. Vernichtung virtueller Insolvenzmasse von Amts wegen: Ein Trauerspiel in drei Akten. *Zeitschrift für das gesamte Insolvenzrecht* 105, 1170 ff.

Sikora, Karl. 2010. Die Fortbestehensprognose im Rahmen der Überschuldungsprüfung. *Zeitschrift für das gesamte Insolvenzrecht* 1761.

Sikora, Karl. 2012. Die Feststellung der Zahlungsunfähigkeit. *NWB* 308.

Spliedt, Jürgen D. 2008. In *Anwaltshandbuch Insolvenzrecht,* Hrsg. Hans P Runkel, Michael Dahl, Vera Drees, und Achim Frank, 2. Aufl. § 1 Rn. 27, § 2 Rn. 46, 58. Berlin: Schmidt.

Strohn, Lutz, und Stefan Simon. 2010. Haftungsfallen für Gesellschafter und Geschäftsführer im Recht der GmbH. *GmbH-Rundschau* 1181.

Taplan, Matthias, und Gerald Baumgartner. 2015. Die Rangrücktrittsvereinbarung im Insolvenz- und Steuerrecht. *GmbH-Rundschau* 347.

Theiselmann, Rüdiger, und Alexander Verhoeven. 2015a. Haftungsfragen für Steuerberater in der insolvenznahen Beratung. *GmbH-Steuerberater* 83.

Theiselmann, Rüdiger, und Alexander Verhoeven. 2015b. Krisenmandat und Haftung des Steuerberaters in der insolvenznahen Beratung. *GmbH-Steuerberater* 142.

Wagner, Eberhard. 2008. Der Steuerberater in der Zwickmühle – Die Wahl zwischen Mandatsniederlegung oder Beihilfe zur Insolvenzverschleppung. *Zeitschrift für das gesamte Insolvenzrecht* 449, 453, 457.

Wagner, Magnus, und Karsten Zabel. 2008. Insolvenzverschleppung nach § 64 II GmbHG wegen Überschuldung – Anreicherung der Masse durch Haftungsverlegung auf den Steuerberater? *Neue Zeitschrift für das Recht der Insolvenz und Sanierung* 660, 662 ff., 667.

Wälzholz, Eckhard. 2009. Die GmbH in der Krise und Insolvenz nach dem MoMiG. *GmbH-Steuerberater* 75.

Weber, Till, und Stephan Buchert. 2009. Fragliche Haftung(en) des Steuerberaters im Insolvenzfall der (Mandats)GmbH. *Zeitschrift für das gesamte Insolvenzrecht* 1731.

Weiß, Udo. 2011. Strafbarkeit der Geschäftsführer wegen Untreue bei Zahlungen entgegen § 64 GmbHG? *GmbH-Rundschau* 350.

Werner, Rüdiger. 2009. Haftungstatbestände in der Unternehmenskrise und Insolvenz. *NWB* 1512.

Weyand, Raimund. 2010. Strafbarkeit wegen nicht richtiger Insolvenzantragstellung – strafrechtlicher Flankenschutz für Insolvenzgerichte und Verwalter? *Zeitschrift für das gesamte Insolvenzrecht* 359 ff.

Weyand, Raimund, und Judith Diversy. 2013. *Insolvenzdelikte*. 9. Aufl. Rn. 207. Berlin: Schmidt.

Wicke, Hartmut. 2011. *Gesetz betreffend die Gesellschaften mit beschränkter Haftung (GmbHG)*. 2. Aufl. § 64 Rn. 5, 7, 21, 47. München: Beck.

Wolf, Thomas. 2014. Der Gesellschafterrangrücktritt bei Überschuldung (und Zahlungsunfähigkeit). *Zeitschrift für Wirtschaftsstrafrecht und Haftung im Unternehmen* 261.

Wübbelsmann, Stephan. 2008. Streitschrift gegen die Insolvenzverschleppungshaftung. Zugleich Erwiderung auf das Urteil des OLG Saarbrücken vom 6.5.2008 – 4 U 484, 07-165. *GmbH-Rundschau* 1303.

Zugehör, Horst. 2008. Haftung des Steuerberaters für Insolvenzverschleppungsschäden. *Neue Zeitschrift für das Recht der Insolvenz und Sanierung* 652, 658.

Fazit 8

Als Fazit auch für die 2. Auflage eines weiterhin vor allem an den Praktiker gerichteten Werkes bieten sich Handlungsempfehlungen an, die der Leser auch erwarten darf. Je nachdem, ob die Handlungsempfehlungen mit der Erwartungshaltung an diese übereinstimmen, wird das Fazit des Lesers ausfallen.

Im Sinne eines negativen Fazits wird derjenige Leser möglicherweise enttäuscht sein, der Handlungsempfehlungen erwartet (hat), die ihn vor jeglicher Haftungsinanspruchnahme bewahren bzw. aufzeigen, wie Haftungsrisiken in der täglichen Praxis ausgeschlossen werden können. Wer dies ernstlich erwartet haben sollte (was nicht recht vorstellbar ist), dem kann nur eine Handlungsempfehlung gegeben werden: keine Steuer- und/oder Rechtsberatung zu betreiben, schon gar nicht im Krisenmandat.

Allen übrigen Lesern sei zunächst mit auf den Weg gegeben, das Thema Beraterhaftung im Allgemeinen und Haftung in der Krise des Mandanten im Besonderen nicht auf die leichte Schulter zu nehmen oder gar zu verdrängen, sondern sich intensiv und offensiv damit auseinanderzusetzen. Nur in Kenntnis der vielen aufgezeigten Risiken und Zweifelsfragen kann sich ein Bewusstsein dafür entwickeln, dass es unter Umständen angezeigt ist, ein Mandat einmal nicht anzunehmen oder fortzuführen, weil die Haftungsrisiken nicht mehr in einem (betriebswirtschaftlich) vernünftigen Verhältnis zu dem zu erwartenden Zeiteinsatz und Honorar stehen.

Im Sinne einer weiteren Handlungsempfehlung sollte der Berater auch immer selbstkritisch hinterfragen, ob er überhaupt fachlich in der Lage ist, ein Krisenmandat – wenn er es denn überhaupt bzw. rechtzeitig erkennt – zu bearbeiten. Vielfach scheint die fachliche Komponente noch ein „Tabuthema" zu sein und ebenso die Einsicht bzw. Bereitschaft, den Mandanten an einen sog. Spezialisten zu verweisen. Allein die Tatsache, dass Steuerberater z. B. vor den Finanzgerichten auftreten dürfen, qualifiziert sie noch nicht tatsächlich zur Prozessvertretung (Goez 2010, S. 41) (doch sie tun es gleichwohl), und umgekehrt dürfen Rechtsanwälte auch in Steuersachen beraten, sind dazu aber fachlich oft gar nicht in der Lage (und tun es gleichwohl). Demgegenüber käme wohl ein Augenarzt sehr wahrscheinlich nicht auf die Idee, eine Operation am offenen Herzen vorzunehmen, auch wenn ihm dies als Arzt erlaubt ist.

Dass vielfach auch Haftungsrisiken „lauern", die „auf den ersten Blick" eher nicht vermutet würden, zeigt recht gut das letztlich durch den BGH bestätigte Urteil des LG Osnabrück vom 26.10.2011[1]: Sehr wahrscheinlich wird jeder Steuerberater (wenn er danach gefragt würde) von sich behaupten, das Rechtsinstitut der Betriebsaufspaltung und auch die sich aus diesem ergebenden Rechtsfolgen zu kennen. Im Zusammenhang mit der Insolvenz des traditionsreichen Auto- bzw. Cabriobauers Karmann verurteilte das LG Osnabrück nach Klage durch den Insolvenzverwalter die Besitzgesellschafter (oder einen Teil von ihnen) zur Zahlung von ca. 150 Mio. €. Grund war – etwas vereinfacht dargestellt – eine zu Unrecht angenommene umsatzsteuerliche Organschaft, bei offenbar zugleich unzutreffend beurteilter Betriebsaufspaltung. Bemerkenswert ist an diesem Fall auch, dass das zuständige Finanzamt Osnabrück-Stadt die Voraussetzungen des Vorliegens einer umsatzsteuerlichen Organschaft zuvor im Rahmen mehrerer Betriebsprüfungen bestätigt hatte!

Nicht zuletzt in Ansehung des zuvor angesprochenen Urteils kann das vorliegende Werk keinen Anspruch auf Vollständigkeit und Richtigkeit erheben. Es kann aber sensibilisieren, ohne „Angst zu machen", auch vor dem Hintergrund der nur bedingt vorhersehbaren und nachvollziehbaren Rechtsprechung zur Beraterhaftung. Die Autoren waren bemüht, die einschlägige Rechtsprechung – unter Berücksichtigung der jeweiligen Literatur – möglichst umfassend darzustellen und dies mit Praxishinweisen abzurunden.

Aus der Erfahrung vor allem der letzten Jahre kann bzw. muss eine Handlungsempfehlung auf jeden Fall gegeben werden: eine möglichst **lückenlose schriftliche Dokumentation** all dessen, was gegenüber dem Mandanten und ggf. Dritten kommuniziert wird. Gewiss erfordert dies zusätzlichen Zeit- und ggf. Personaleinsatz. Aber eines ist fast ebenso sicher: Die wenigsten Mandanten werden im Fall eigener bzw. persönlicher Inanspruchnahme einräumen, der Berater habe im Vorfeld mündlich hinreichend belehrt, allein der Mandant sei dem Rat/Hinweis nicht gefolgt.

Der Berater sollte sich auch unter keinen Umständen dadurch auf „vermintes Terrain" (Gräfe 2010, S. 618 ff.) begeben, indem er dem Mandanten etwa bei der Umdatierung oder nachträglichen Erstellung von Verträgen, Neubewertung von Bilanzen und Vermögensaufstellungen oder ähnlichen „Gefälligkeiten" behilflich ist. Greift nämlich in aller Regel bei unzureichender oder unterlassener Beratung noch die Vermögensschadenhaftpflichtversicherung, wird dies bei vorsätzlicher Pflichtverletzung nicht der Fall sein.

Die wesentlichen Handlungsempfehlungen können noch einmal wie folgt zusammengefasst werden:

---

[1] LG Osnabrück v. 26.10.2011 – 1 O 3113/10, im Wesentlichen bestätigt durch OLG Oldenburg v. 7.8.2012 – 12 U129/11 und im Ergebnis auch BGH v. 15.10.2014 – XII ZR 111/12, GmbHR 2015, 200 m. Anm. Brete, GmbHR 2015, S. 205.

- schriftliche Dokumentation, vor allem über
  - Auftragsinhalt,
  - Honorar (incl. Vorschuss. bzw. Abschlagszahlungen),
  - Belehrung bzw. Hinweis auf die Notwendigkeit der Einberufung einer Gesellschafterversammlung bei Verlust des hälftigen Stammkapitals,
  - Belehrung bzw. Hinweis auf die Insolvenzantragsgründe (§§ 17, 19 InsO), die Insolvenzantragspflicht bei nicht durch Eigenkapital gedecktem Fehlbetrag,
  - Hinweis auf die Notwendigkeit der Erstellung eines Überschuldungsstatus und/oder Fortführungsprognose,
  - Hinweis auf die Notwendigkeit der Hinzuziehung eines Spezialisten,
  - Gespräche bei Kreditinstituten (Aktenvermerke/Gedächtnisprotokolle, die vom Mandanten gegengezeichnet werden oder zumindest an die Gesprächsteilnehmer als Zusammenfassung übersandt werden sollten).
- selbstkritische Beurteilung der eigenen fachlichen Qualifikation und Fähigkeiten (auch in personeller und zeitlicher Hinsicht) sowie ggf. Verweisung des Mandanten an einen Spezialisten oder aber Zusammenarbeit mit diesem[2],
- die Distanz zum Mandanten wahren und keine „Gefälligkeiten" erbringen,
- regelmäßige Überprüfung des Versicherungsschutzes dem Grunde und der Höhe nach.

Schließlich sollten die vermehrt auftretenden Angebote von Beratungsleistungen – sowohl von Rechtsanwälten als auch von Steuerberatern – zu vergleichsweise geringen Honoraren kritisch hinterfragt werden[3].

Von Steuerberatern (und Rechtsanwälten) erbrachte Beratungsleistungen müssen, will der Berater selbst erfolgreich am Markt agieren, ebenso dem Wirtschaftlichkeitsgebot entsprechen wie die vom Mandanten am Markt angebotenen Leistungen. Anderenfalls droht dem Berater selbst die Insolvenz[4].

Um für den Mandanten auch bei „Dumpingpreisen" erfolgreich arbeiten zu können, muss bzw. müsste die steuerliche und wirtschaftliche Beratungsleistung in sehr geringer Zeit erbracht werden. Beratung in der Krise ist jedoch wie angesprochen ein vergleichsweise zeitintensives Unterfangen. Ein geringer Zeitaufwand wirkt sich wiederum negativ auf die Qualität der Beratungsleistung aus. Folglich steigt die Fehlerquote und für den Steuerberater damit die Gefahr, selbst in die Haftung genommen zu werden.

Zudem darf nicht vergessen bzw. unterschätzt werden, dass das Ansehen des gesamten Berufsstands negativ beeinflusst wird. Auch um einer solchen Entwicklung entgegenzu-

---

[2] Kaiser u. Oetjen 2011, S. 2488 f. sehen den Berater sogar in der Pflicht, den Auftraggeber (Mandanten) aufzufordern, das Bestehen der Insolvenzreife durch einen fachlich qualifizierten Dritten prüfen zu lassen.
[3] Zum Nachdenken: http://www.dr-esch.de/download/artikel_telefonische_rechtsberatung.pdf.
[4] So 2011 einem Insolvenzverwalter geschehen (wohl aber nicht aufgrund zu niedrig bemessener Honorare): http://www.juve.de/nachrichten/namenundnachrichten/2011/01/insolvenz-reuss-am-ende-ottmar-hermann-zum-verwalter-bestellt.

treten, bleibt der Appell für ein umsichtiges und verantwortungsvolles Handeln im Interesse des Berufsstandes, auch wenn der Berater selbstverständlich an das eigene Mandat und Honorar denken muss.

Literatur

Goez, Christoph. 2010. *Zivilrechtliche Haftung und strafrechtliche Risiken des Steuerberaters.* 41. Berlin: Schmidt.

Gräfe, Jürgen. 2010. Haftungsgefahren des Steuerberaters/Wirtschaftsprüfers in der Unternehmenskrise. *Deutsches Steuerrecht* 618 ff.

http://www.dr-esch.de/download/artikel_telefonische_rechtsberatung.pdf. Zugegriffen: 11. Mai 2015.

http://www.juve.de/nachrichten/namenundnachrichten/2011/01/insolvenz-reuss-am-ende-ottmar-hermann-zum-verwalter-bestellt. Zugegriffen: 11. Mai 2015.

Kaiser, Thomas, und Kerstin Oetjen. 2011. Die Pflicht des Beraters zur Mandatskündigung in der Krise des Mandanten. *Deutsches Steuerrecht* 2488 f.

Sachverzeichnis

A
Ablehnung eines Auftrags, 8
Altgläubiger, 79
Auftrag, 8
  Ablehnung, 8
Auskunftsvertrag, 9

B
Bargeschäft, 36
Beweislast, 21, 24, 77, 84

D
Dritthaftung, 86

F
Fortführungsprognose, 24
Führungslosigkeit, 76, 90

G
Geschäftsführer, 70, 84
  faktischer, 32, 77
  Pensionszusage, 49
  Sorgfalt eines ordentlichen Kaufmanns, 85
  Strafbarkeit, 59, 90

H
Honorar, 3, 35, 36
Honorarsicherung, 35

I
Insolvenzstraftaten, 27
  Bankrott, 28
  Betrug, 31
  Gläubigerbegünstigung, 29
  Kreditbetrug, 31
  Schuldnerbegünstigung, 30
  Verletzung der Buchführungspflicht, 29
Insolvenzverschleppung, 73, 77, 78
Interessen
  negative, 79
  positive, 79
  widerstreitende, 4

K
Kapitalaufbringung, 63, 68
Kapitalerhaltung, 67, 69
Kreditbetrug, 31

L
Lohnsteuer, 84, 85

M
Mandat, 4, 21
   Dauermandat, 23
   Mandatskündigung, 94
   Mandatsniederlegung, 94

N
Neugläubiger, 79

R
Rangrücktritt, 74
Rangrücktrittsvereinbarung, 74
Rechtsdienstleistung, 5
Rechtsdienstleistungsgesetz, 5
Risikomanagementsystem, 43

S
Solvenztest, 52
Sozialversicherungsbeiträge, 84, 85

U
Überschuldung, 24, 73, 74
Überschuldungsstatus, 24, 74

V
Verschwiegenheitspflicht, 3
Versicherungsschutz, 3, 9
Vertrag mit Schutzwirkung zugunsten Dritter, 25, 86

Z
Zahlungsunfähigkeit, 24, 73

The manufacturer's authorised representative in the EU is Springer Nature Customer Service Centre GmbH, Europaplatz 3, 69115 Heidelberg, Germany. If you have any concerns regarding our products, please contact ProductSafety@springernature.com

Printed and bound by CPI Group (UK) Ltd, Croydon, CR0 4YY

23/03/2026

02076394-0017